Lorraine Farrelly

Fundamentos de Arquitetura

Obra originalmente publicada sob o título *Fundamentals of Architecture*, 2nd Edition
ISBN 9782940411757

Gerente editorial: *Arysinha Jacques Affonso*

Colaboraram nesta edição:

Coordenação editorial: *Denise Weber Nowaczyk*

Capa: *VS Digital,* arte sobre capa original

Leitura final: *Renata Ramisch*

Editoração: *Techbooks*

F245f Farrelly, Lorraine.
Fundamentos de arquitetura / Lorraine Farrelly ; tradução: Alexandre Salvaterra. – 2. ed. – Porto Alegre : Bookman, 2014.
200 p. : il. color. ; 20x23 cm.

ISBN 978-85-8260-089-4

1. Arquitetura. I. Título.

CDU 72

Catalogação na publicação: Ana Paula M. Magnus – CRB 10/2052

Reservados todos os direitos de publicação, em língua portuguesa, à
BOOKMAN EDITORA LTDA., uma empresa do GRUPO A EDUCAÇÃO S.A.
Av. Jerônimo de Ornelas, 670 – Santana
90040-340 Porto Alegre RS
Fone: (51) 3027-7000 Fax: (51) 3027-7070

Unidade São Paulo
Rua Doutor Cesário Mota Jr., 63 – Vila Buarque
01221-020 São Paulo SP
Fone: (11) 3221-9033

SAC 0800 703-3444 – www.grupoa.com.br

IMPRESSO NO BRASIL
PRINTED IN BRAZIL

Lorraine Farrelly

Fundamentos de Arquitetura

Segunda edição

Tradução:
Alexandre Salvaterra
Arquiteto e Urbanista pela Universidade
Federal do Rio Grande do Sul

2014

Sumário

Introdução

Arquitetura
1. A arte ou a prática de projetar e construir edificações.
2. O estilo no qual uma edificação é projetada e construída.

Esta segunda edição de *Fundamentos de Arquitetura* explorará as ideias essenciais que os arquitetos devem levar em consideração ao projetar edificações, lugares e espaços. O objetivo deste livro é fazer uma introdução aos princípios fundamentais de arquitetura. Serão apresentadas muitas referências visuais e ilustrações que explicam o processo de pensamento necessário para o desenvolvimento de uma ideia e, posteriormente, a execução de um prédio.

Muitas ideias de arquitetura jamais chegam a ser executadas: as edificações exigem uma visão, e as ideias podem permanecer no campo conceitual ou no desenho. A arquitetura é uma linguagem visual, e os arquitetos se comunicam por meio de desenhos, maquetes e dos espaços e lugares que constroem.

Este livro foi dividido em capítulos, que resumem os diversos aspectos dos raciocínios feitos ao longo do desenvolvimento do projeto das edificações. Esse processo começa com a definição de um conceito ou ideia, que pode surgir a partir de um aspecto do programa de necessidades – a lista das funções que o prédio acomodará. O conceito pode ser um aspecto inspirador do material ou da construção do prédio ou algum precedente histórico ou contemporâneo.

A arquitetura é um tema complexo e fascinante. Os prédios estão ao nosso redor e compõem nosso mundo físico. Fazer uma edificação exige vários níveis de pensamento e análise.

Em última análise, a arquitetura define o mundo físico que nos cerca – por exemplo, um cômodo e os objetos que fazem parte dele. Ela pode ser uma casa, um arranha-céu, um conjunto de prédios ou mesmo parte do plano diretor de uma cidade. Seja qual for a escala da edificação, a arquitetura é desenvolvida aos poucos, do croqui do conceito ou do desenho técnico ao espaço ou prédio ocupado.

1. Centro de Convenções SECC, Glasgow, Escócia
Foster and Partners, 1995–1997
Este prédio chama a atenção em seu contexto, junto ao Rio Clyde, em Glasgow. O Centro tem uma cobertura de alumínio curva que lembra muito a carapaça de um tatu, transferindo uma metáfora marcante e formal para o perfil e o volume da edificação.

1. A Casa Schröder, Utrecht, Países Baixos
Gerrit Rietveld, 1924–1925
Os movimentos artísticos também são capazes de influenciar as formas arquitetônicas. O movimento De Stijl (o estilo), ocorrido nos Países Baixos, exerceu muita influência sobre o desenvolvimento da arquitetura de Gerrit Rietveld – particularmente a Casa Schröder, em Utrecht.

2. Estudo da Casa Schröder
O estudo feito por um aluno mostra uma análise geométrica da Casa Schröder. Quando sobrepostas à elevação do prédio, as linhas traçadas pelo aluno mostram a conexão proporcional de cada elemento. As linhas vermelhas indicam a incorporação da seção áurea (veja a página 123), que é um sistema de proporções geométricas.

CAPÍTULO POR CAPÍTULO

Esta obra foi estruturada e dividida em uma série de temas, a fim de cobrir a totalidade do desenvolvimento do projeto de arquitetura.

O primeiro capítulo, **Contextualizando a Arquitetura**, refere-se ao terreno que a edificação ocupa e como ele precisa ser analisado antes de começar a trabalhar numa ideia. O segundo capítulo, **A História e os Precedentes**, mostra que toda obra de arquitetura é influenciada por ideias do passado – por exemplo, a referência a uma planta, ao uso de um material ou a uma ideia de estrutura. Nenhuma arquitetura é completamente nova; toda edificação está relacionada ao conhecimento de muitos precedentes, sejam implícitos ou explícitos, ou é afetada pelo passado recente e remoto.

O terceiro capítulo, **A Construção**, introduz os aspectos básicos das técnicas de edificação. Esse capítulo inclui tópicos sobre a estrutura e os materiais, bem como a execução e a composição dos prédios.

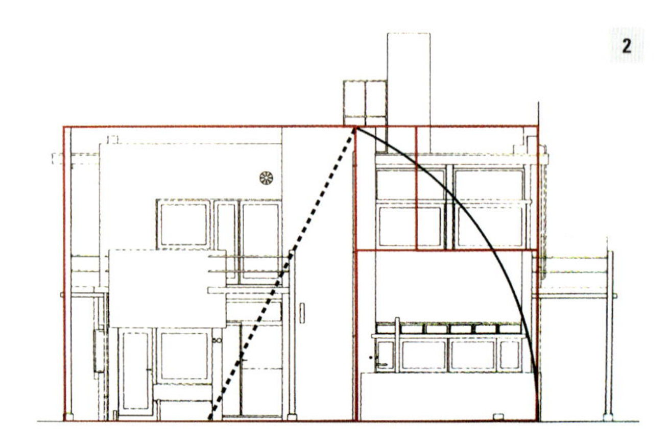

3. Análise da Casa Schröder
Este desenho em perspectiva da Casa Schröder sugere como os espaços internos da edificação são definidos por planos horizontais e verticais que se cruzam. A sombra projetada na parte inferior do desenho está diretamente relacionada com a planta baixa do prédio.

O capítulo seguinte, **A Representação Gráfica e as Maquetes**, trata da comunicação de ideias, de croquis feitos à mão livre a maquetes eletrônicas e outros desenhos gerados em computador. O quinto capítulo, **As Ideias Contemporâneas**, explora as muitas maneiras pelas quais a arquitetura pode ser influenciada pelo Zeitgeist, ou seja, o espírito da época predominante em determinado momento.

O capítulo final, **O Desenvolvimento e a Execução de um Projeto**, explora todo o processo de criação de um projeto, partindo da primeira etapa – a definição do conceito – e chegando à última – a execução da obra. É nesse momento final que todos os raciocínios – a análise do terreno, o estudo dos precedentes, a escolha dos materiais e a concepção da estrutura – convergem em uma solução. Criar uma edificação bem-sucedida exige o planejamento das informações e a organização das equipes de profissionais que facilitam o processo de execução e dos empreiteiros, responsáveis pela construção propriamente dita. O sucesso de uma edificação pode ser julgado pela avaliação feita pelo cliente e pelo cumprimento do programa de necessidades.

Capítulo 1
Contextualizando a Arquitetura

Em arquitetura, o "contexto" geralmente se refere ao lugar no qual a arquitetura ou as edificações se localizam. O contexto é específico e afeta de maneira significativa a geração das ideias de arquitetura. Muitos arquitetos usam a contextualização para estabelecer uma conexão clara do terreno com o conceito proposto, de forma que a edificação resultante esteja integrada e praticamente camuflada em seu ambiente. Outras propostas reagem ao meio, fazendo com que a edificação seja claramente distinta e desconectada de seu entorno. Em ambos os casos, a questão fundamental é que o contexto tenha sido estudado, analisado e considerado de maneira deliberada e clara.

1. Maquete de uma paisagem urbana
Esta maquete, gerada a partir do corte a laser de um mapa, destaca os aspectos relevantes de uma paisagem urbana: o terreno de um projeto é identificado por meio de uma série de quadras vermelhas, distinguindo-o dos lotes da cidade que o circunda.

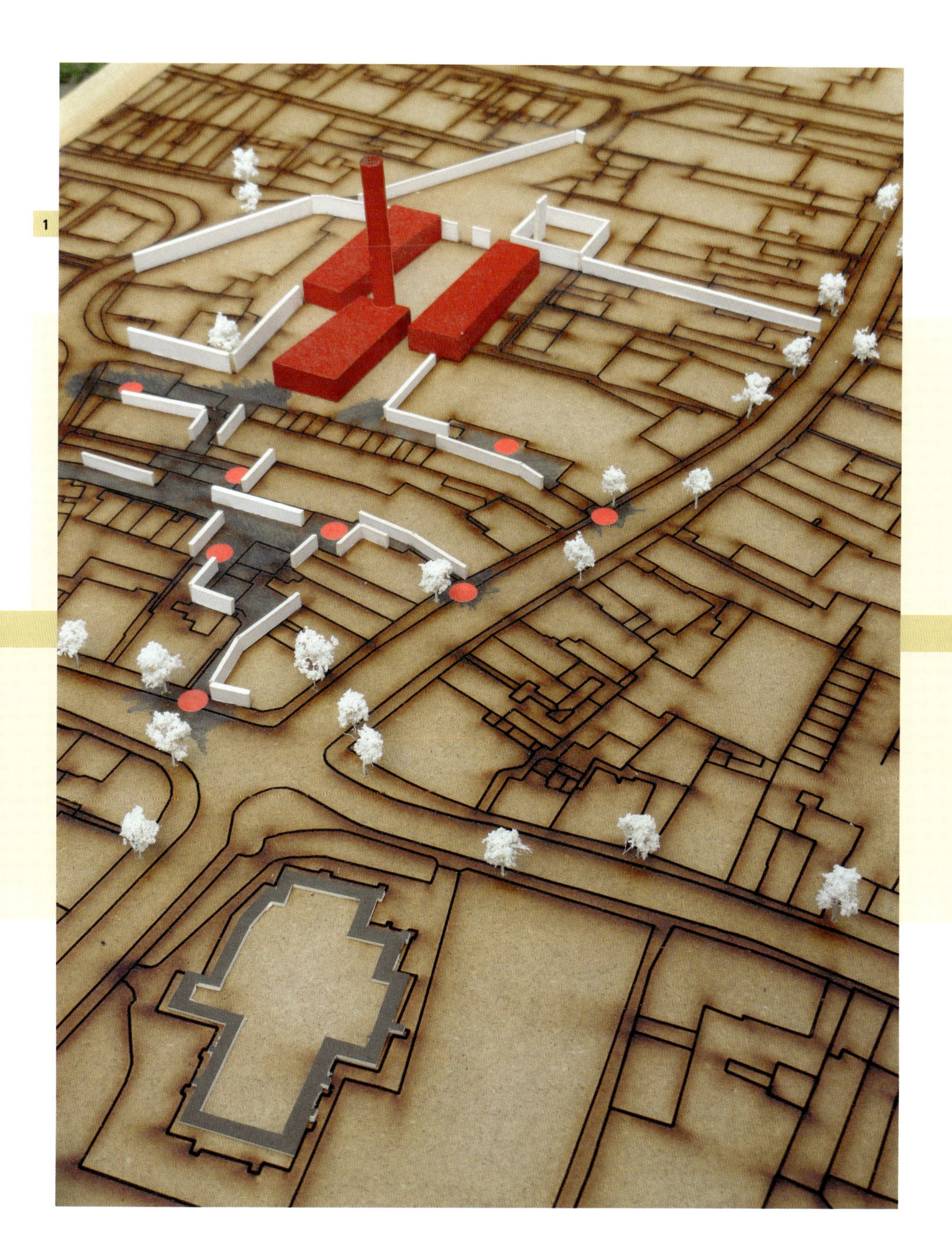

1

O terreno

A arquitetura pertence a algum lugar, repousa em um local específico: um terreno ou sítio. Cada terreno tem características distintas em termos de topografia, localização e definições históricas.

COMO ENTENDER O TERRENO

Cada terreno urbano tem uma história física que influi no conceito de arquitetura. Geralmente, há recordações e resquícios de outras edificações no local, e as construções do entorno apresentam características próprias muito importantes; isso inclui desde o uso de materiais, ou sua forma e altura, até os detalhes e as características físicas com os quais o usuário entrará em contato. Áreas não urbanizadas costumam ter histórias menos evidentes. Contudo, suas características físicas – topografia, geologia e vegetação, por exemplo – atuarão como indicadores para o projeto de arquitetura.

É essencial que o arquiteto compreenda o terreno onde a edificação será implantada. O terreno sugere uma série de parâmetros que afetam o projeto de arquitetura. As considerações gerais podem incluir, por exemplo, a orientação (o percurso do Sol ao redor do terreno) e o acesso (como se chega ao terreno ou qual é o percurso até a edificação, e dela a outras partes da cidade).

A localização de uma edificação não depende apenas do terreno, mas também da área ao redor. Isso resulta em mais uma série de questões a serem consideradas, como a escala das edificações do entorno e os materiais já utilizados nas construções da área.

No caso do terreno, é importante considerar possibilidades de ocupação do solo, volume, materiais, entradas e vistas. O terreno condiciona o projeto mas também oferece oportunidades incríveis. Isso torna a arquitetura específica e única, uma vez que não existem terrenos exatamente iguais. Cada sítio tem seu próprio ciclo de vida, e isso gera um número ainda maior de variáveis em termos de interpretação e compreensão. A análise do terreno ou sítio é crucial para a arquitetura, visto que oferece os critérios com os quais o arquiteto deve trabalhar.

1

1. Casa Malaparte (Vila Malaparte), Capri, Itália
Adalberto Libera, 1937-1943
Aldaberto Libera nos oferece um exemplo claro de uma edificação que corresponde à sua paisagem. A Casa Malaparte repousa no topo de um rochedo, na face leste da Ilha de Capri, na Itália. Ela foi construída com alvenaria, e está tão fortemente arraigada a seu terreno que até parece fazer parte da paisagem natural.

2. Um horizonte urbano, Londres, Inglaterra
Em um ambiente urbano, uma mistura de edificações históricas e contemporâneas pode formar um belo conjunto. A silhueta de Londres, aqui mostrada da margem sul do Rio Tâmisa, mostra uma cidade que está se desenvolvendo há centenas de anos e na qual cada elemento se relaciona com seu vizinho em termos de material, forma e escala.

2

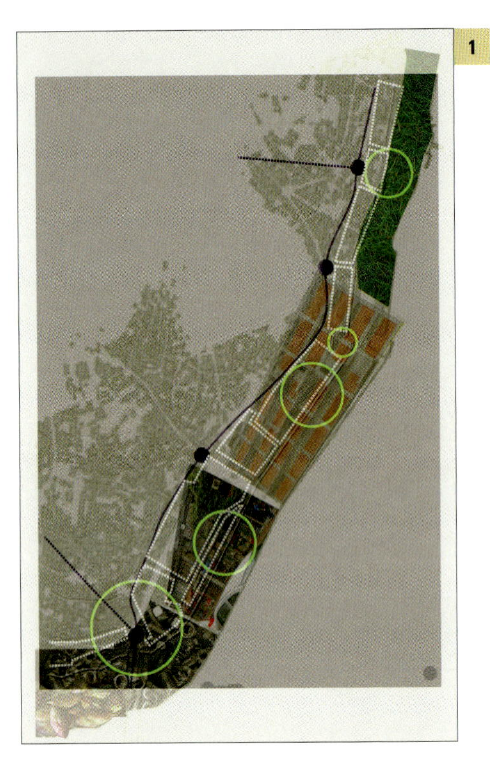

1. Istambul: análise do bairro Karaköy
Mapa de uma área de Istambul que se desenvolve ao longo da orla marítima. O estudo identifica os principais centros de atividade na área, além de demarcar as várias "áreas características" previstas, por meio do uso de cores.

O LEVANTAMENTO E O MAPEAMENTO DO TERRENO

As técnicas para registrar e entender um terreno são variadas, incluindo levantamentos *in loco* (a avaliação quantitativa do que já existe) e aspectos de interpretação qualitativa da luz, dos sons e da experiência física do local. Em outras palavras, uma simples visita ao local com a observação e o registro de seus ciclos de vida pode oferecer muitas dicas sobre como elaborar uma resposta de arquitetura adequada a ele.

As respostas contextuais respeitam os parâmetros conhecidos do terreno. Já as respostas anticontextuais são deliberadamente contrárias aos mesmos parâmetros, criando contrastes e provocando reações. Em ambas as abordagens, é necessário que o arquiteto tenha lido e compreendido bem o sítio por meio das várias formas de análise.

Para que se possa analisar um terreno de maneira adequada, deve-se mapeá-lo, ou seja, fazer um registro das várias categorias de informação que lá estão. O mapeamento ou levantamento de campo inclui aspectos físicos, mas também outros fatores de natureza qualitativa que refletem as experiências e interpretações pessoais do lugar.

Há uma variedade de ferramentas disponíveis para o mapeamento e a investigação de um terreno, resultando em um projeto baseado nesses indicadores. Também dispomos de ferramentas de análise que permitem que o sítio seja registrado de inúmeras formas.

2

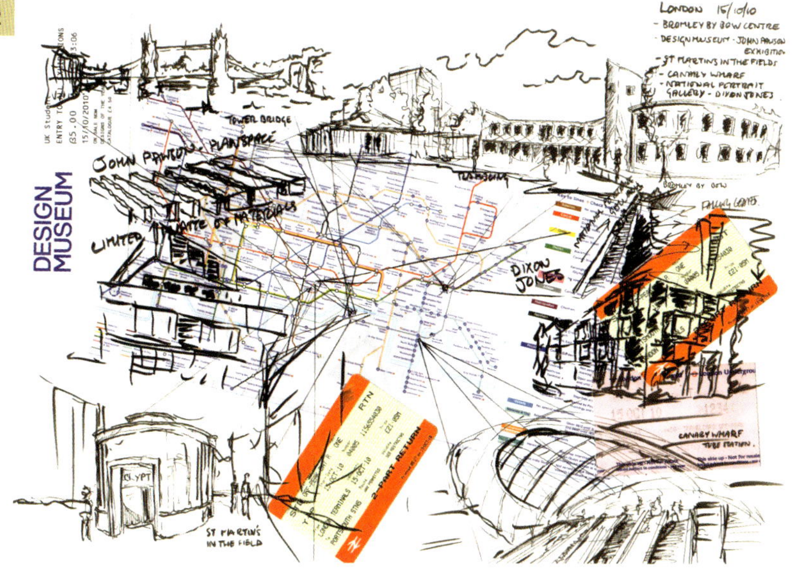

2. Interpretação pessoal de um terreno
Esta colagem de Londres inclui uma série de croquis de um percurso, utilizando a sobreposição a um mapa do metrô – é a interpretação pessoal de uma visita à cidade.

FERRAMENTA UM: A INTERPRETAÇÃO PESSOAL DE UM TERRENO

A primeira impressão que se tem de um lugar é essencial. Nossas interpretações do caráter geral de um lugar trarão informações importantes para as decisões de projeto que seguirão, e é importante registrá-las de maneira honesta e imediata.

A ideia de um percurso pessoal em volta de um terreno e sua interpretação foi proposta por Gordon Cullen ao descrever o conceito de “visão serial” em seu livro *Concise Townscape*, de 1961. Esse conceito sugere que a área em estudo seja desenhada como um mapa, e nele sejam identificados uma série de pontos, cada um indicando uma vista diferente da área. Essas vistas são então esboçadas como pequenos croquis, que oferecem impressões pessoais do entorno do terreno.

A visão serial é uma técnica útil que pode ser aplicada a qualquer terreno (ou edificação), para que se possa explicar como ele funciona espacialmente e se identifique sua importância. As vistas podem ser criadas como uma série de croquis ou fotografias do percurso, desde que estes estejam reunidos e sejam lidos em sequência.

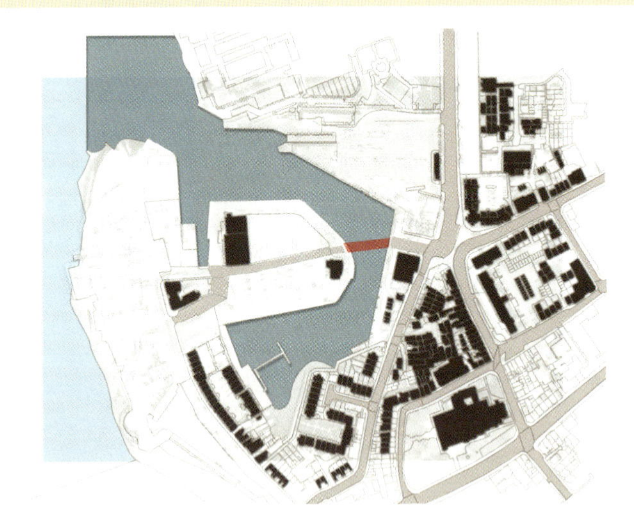

1., 2. e 3. Estudos de figura e fundo
1. Estudo de figura e fundo de Londres. O Rio Tâmisa é claramente identificado como o espaço aberto.
2. Terreno em Old Portsmouth, Inglaterra. As áreas em azul indicam a orla marítima, as vias principais estão em cinza e os prédios mais importantes, em negrito.
3. Esta série de imagens ilustra a orientação solar de um terreno.

FERRAMENTA DOIS: ESTUDOS DE FIGURA E FUNDO

Um estudo de figura e fundo é um tipo de desenho em que as edificações são registradas como blocos maciços, mostrando claramente os espaços vazios entre elas. Esse método de representação gráfica apresenta uma cidade como áreas de cheios e vazios, produzindo uma análise abstrata do terreno, além de permitir o foco na figura (as edificações) ou no fundo (o espaço entre elas). Os estudos de figura e fundo são usados há séculos para identificar os diferentes tipos de espaços das cidades.

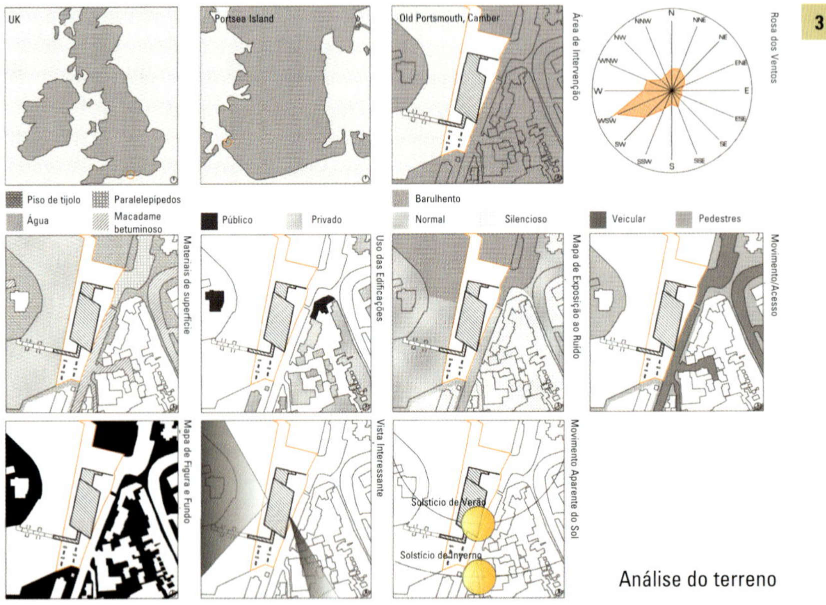

3

Análise do terreno

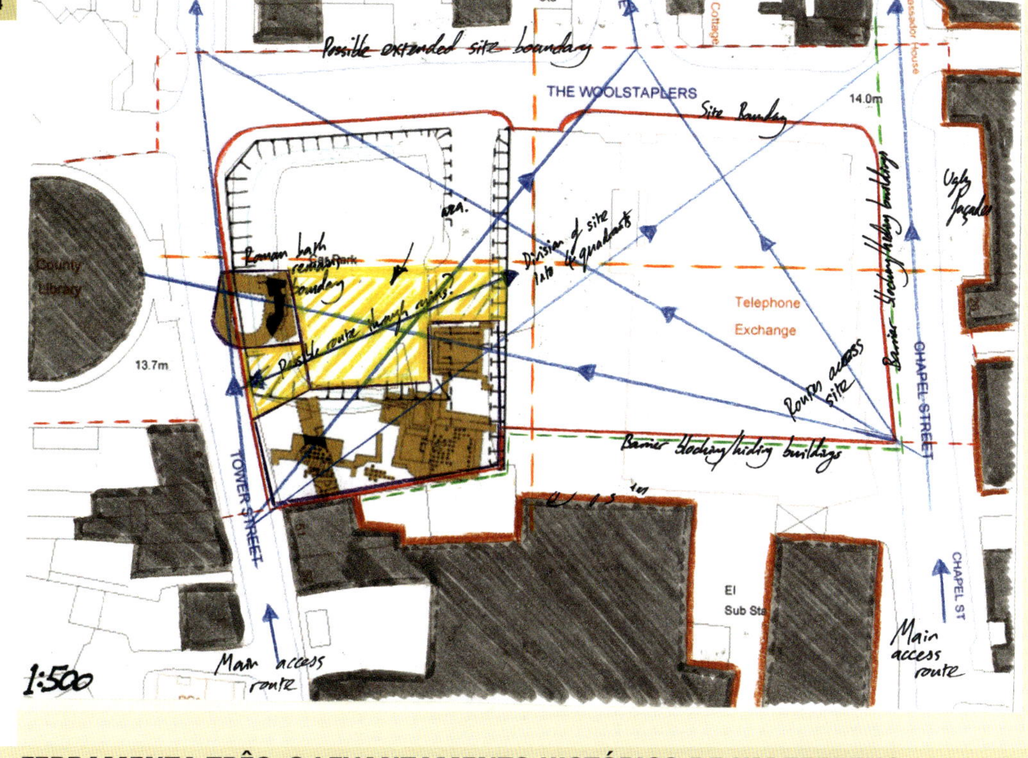

FERRAMENTA TRÊS: O LEVANTAMENTO HISTÓRICO DE UM TERRENO

O mapeamento de um terreno em termos de suas etapas importantes de desenvolvimento ao longo da história nos oferece uma descrição da vida e da memória de um lugar. O mapeamento histórico pode ser obtido pela sobreposição de vários mapas na mesma escala, cada um representando um estágio distinto do desenvolvimento do local. Esse processo permite que todos os mapas sejam lidos concomitantemente e gera uma imagem do terreno que captura tanto seu presente como seu passado.

O levantamento histórico pode nos fornecer importantes motes para uma ideia de projeto. Talvez haja um percurso histórico, um caminho, uma rua ou uma linha ferroviária no local que possa sugerir um eixo significativo a ser aproveitado em uma proposta de projeto. Da mesma maneira, as ruínas de uma muralha romana ou outras construções importantes também podem ser reconhecidas em uma ideia para a nova edificação. A análise histórica de um terreno pode trazer inspiração para uma ideia contemporânea, diretamente vinculada com a arqueologia de um sítio.

4. O levantamento histórico de um terreno
A análise histórica de um terreno pode reunir todas as transformações significativas que se deram ao longo da vida de um lugar. Isso nos oferece uma imagem "completa" do terreno, a qual pode então ser usada como fonte de inspiração para projetos futuros.

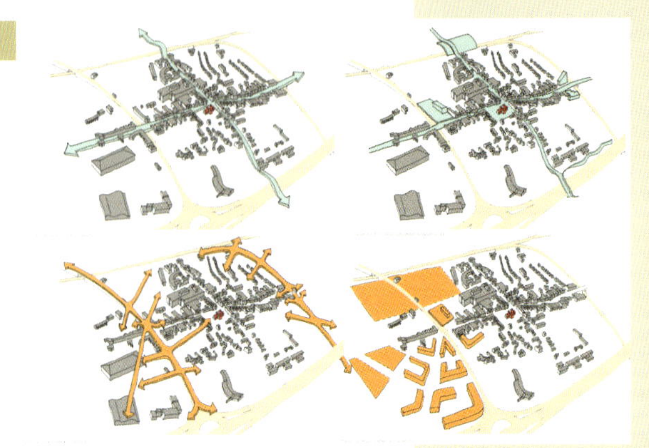

LEVANTAMENTOS TOPOGRÁFICOS

A situação topográfica atual de qualquer terreno deve ser registrada em um levantamento. O levantamento topográfico pode ser descrito como um registro de algo já existente, que pode ser feito na forma de um mapa, uma maquete ou um desenho em escala indicando, por exemplo, onde estão as janelas, portas ou divisas, e dá informações específicas, como as alturas relativas das edificações do entorno, os detalhes das elevações ou os diferentes níveis do solo no terreno.

Uma análise detalhada do terreno fornecerá os aspectos físicos do local. O levantamento apresentará a largura e a profundidade do terreno, e indicará qualquer edificação adjacente por meio do uso de plantas baixas, elevações e cortes (veja a página 106), criando um registro preciso do que há no local atualmente. Essa é uma etapa essencial dos estudos preliminares ao desenvolvimento de um projeto.

Os levantamentos topográficos também podem registrar os diferentes "níveis" do terreno. Uma planta planimétrica mostra as diferentes curvas de nível e os acidentes topográficos em planta baixa, e também pode sugerir maneiras de desenvolver um conceito de projeto.

1. Análises de uma área urbana
Uma série de croquis da cidade de Havant, Inglaterra, foi feita para ilustrar os diferentes tipos de espaço de uma área.

2. Maquete de volumes
Maquete das massas construídas de uma parte de Istambul, Turquia, mostrando a densidade da cidade.

3., 4. e 5. Combinação de imagens
Essas imagens combinadas fundem uma vista aérea digitalizada com uma maquete eletrônica da paisagem urbana.

3

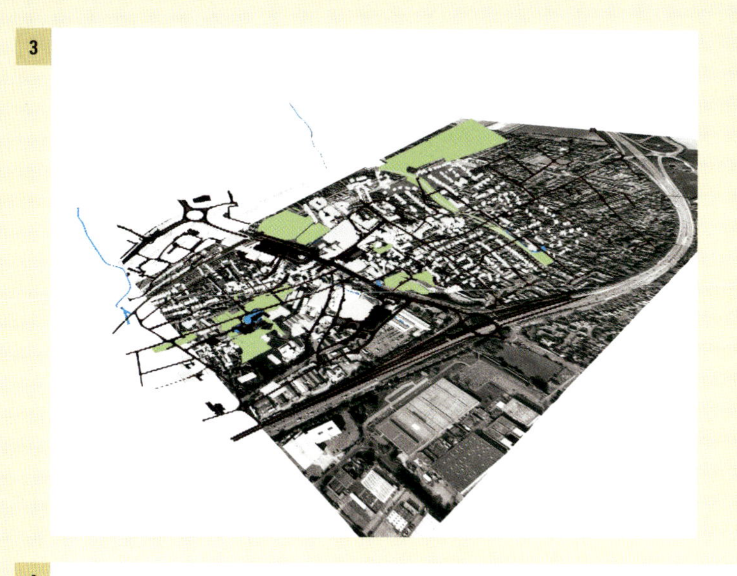

4

5

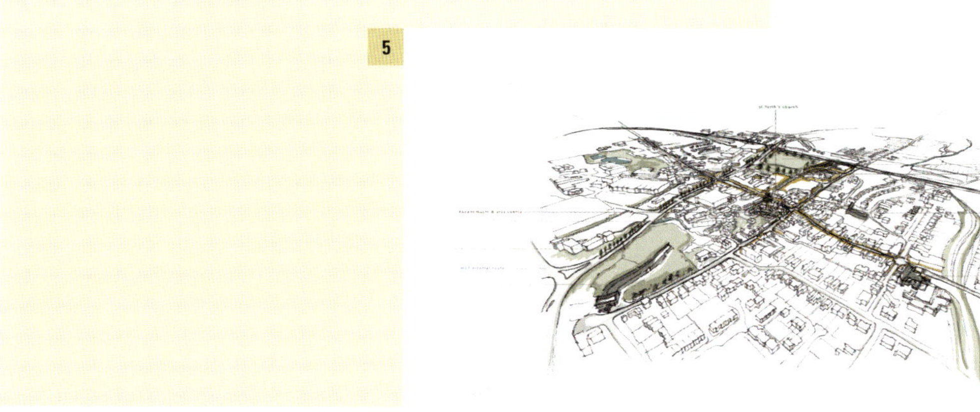

Lugares e espaços

Quando um espaço se torna um lugar? Os espaços são físicos, têm dimensões, localizam-se em algum local, passam por mudanças com o passar do tempo e fazem parte de recordações. Os lugares são espaços onde ocorrem atividades, eventos e ocasiões. Uma edificação pode ser um lugar ou uma série de lugares. De modo similar, as cidades podem ser compostas por muitos espaços importantes ou representar um lugar propriamente dito. Um lugar tem memória e algum senso de identidade.

A MEMÓRIA DO LUGAR

O conceito de memória do lugar se baseia na premissa de que lugares significativos criam recordações fortes; eles possuem características, sons, texturas e eventos marcantes que os tornam memoráveis. Para os arquitetos, é extremamente importante compreender o "senso de lugar" ao lidar, por exemplo, com terrenos ou edificações históricos em áreas protegidas. Será preciso reforçar determinados aspectos da história e da memória do local.

Transformar a arquitetura e as cidades em lugares requer a compreensão dos eventos que podem ocorrer – e também daqueles que já ocorreram. São necessários edificações ou espaços imaginados que possam ser vistos como arenas para eventos que ainda irão acontecer.

Carlo Scarpa 1906–1978
Arquiteto italiano, Carlo Scarpa abordava sítios históricos inserindo sua própria arquitetura contemporânea em um ambiente preexistente. Ele o fazia com muito cuidado e sensibilidade, usando uma variedade de formas e materiais que tinham uma identificação evidente com a edificação preexistente e, ainda assim, eram complementares. Scarpa estudava profundamente seus terrenos e edificações e respeitava aspectos importantes, como percursos, movimentos e vistas, reforçando as ideias preexistentes com seus próprios projetos. Ele respeitava e explorava aspectos da memória do lugar.

1. Castelvecchio, Verona, Itália
Restauração feita por Carlo Scarpa, 1954–1967
O Castelvecchio (ou Castelo Antigo) é um castelo histórico italiano que, com a restauração feita por Scarpa, transformou-se em uma renomada obra de arquitetura contemporânea. Embora ainda possa ser visto como um castelo, ele é um jardim e um museu de esculturas contemporâneo.

2. Matriz do La Villette, de *Event-Cities* 2 (MIT Press, 2001)
Bernard Tschumi
No livro *Event-Cities* 2, Tschumi encara a cidade como uma série de lugares para a possível ocorrência de eventos (como viver, executar tarefas, comprar ou vender). Estes mapas sugerem a localização física de tais eventos.

1

2

O contexto urbano

A cidade é o ambiente que acomoda grande parte da nova arquitetura. É um contexto para se viver e trabalhar na sociedade contemporânea. Além de fornecer precedentes para a arquitetura, a cidade é um ambiente de interação e enriquecimento.

1

As cidades são lugares onde eventos ocorrem e a vida se desenrola, são sínteses criadas por milhares de pessoas e onde elas interagem. As cidades são imaginadas e representadas por muitas pessoas inovadoras, incluindo arquitetos, políticos, artistas, escritores e projetistas.

São muitas as visões imaginadas das cidades. Muitas dessas ideias representam a utopia de como determinada cidade poderia ser e de como poderíamos viver nossas vidas. A concretização de tais ideais ocorreu, até certo ponto, nas cidades de Seaside (Estados Unidos), Milton Keynes (Inglaterra) e Chandigarh (Índia). Essas novas cidades foram primeiramente imaginadas e só depois criadas como conceitos urbanos inteiramente novos. Seu projeto não foi condicionado por questões de infraestrutura histórica ou uma gama limitada de materiais disponíveis; em vez disso, era uma oportunidade arquitetônica de "começar do zero" e construir um novo futuro.

2

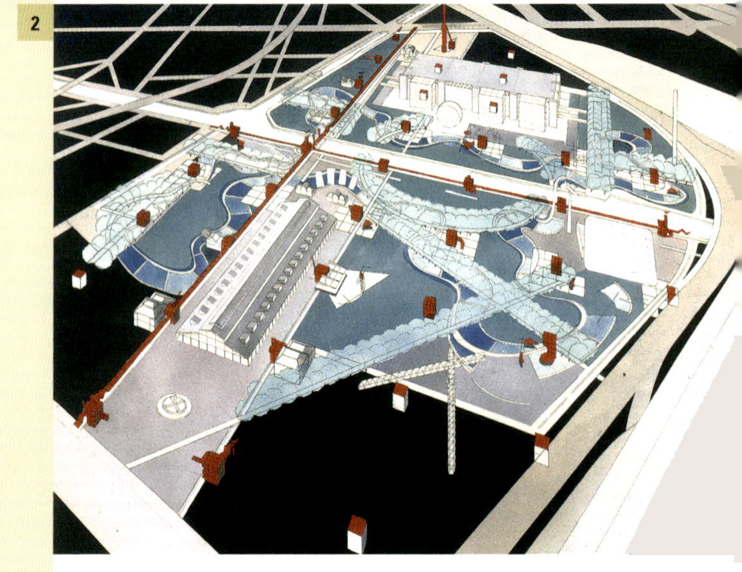

1. Interpretação do contexto imediato de uma igreja
Uma colagem que usa uma fotografia do local é utilizada como base para esta análise, com palavras-chave e textos descrevendo as atividades existentes e potenciais.

2. Parc de la Villette, Paris, França Bernard Tschumi, 1982–1998
Um dos 35 "pavilhões extravagantes" (*follies*) vermelhos do Parc de la Villette, que abrigam cafés, quiosques de informações turísticas e outros centros de atividade.

3. Impressão que um estudante teve de Istambul
Esta série de croquis de Istambul apresenta uma visão pessoal da cidade, registrando tanto pessoas como lugares.

3

O contexto da paisagem

No contexto de uma paisagem, as edificações podem se tornar parte do meio ou estar distintas e desconectadas dele. Muitas edificações e construções grandes podem configurar por si só um contexto ou uma paisagem, como é o caso de aeroportos, parques ou estações ferroviárias centrais. Elas são estruturas de uma escala tão grande que contêm edificações e outras construções dentro de si.

Uma paisagem, independentemente da sua escala, gera novas possibilidades de trabalho, moradia e lazer. Para que um arquiteto possa responder à paisagem com uma proposta de projeto – urbana, aberta, fechada ou rural –, será necessária sua compreensão tanto intuitiva e subjetiva como quantitativa e objetiva.

Juntos, todos esses aspectos variáveis da compreensão de área de intervenção criam importantes parâmetros, que podem sugerir uma solução de arquitetura adequada ao lugar e ao significado e que contribua de alguma maneira com seu contexto.

1. Aeroporto Madrid Barajas, Madri, Espanha
Rogers Stirk Harbour and Partners, 1997–2005
Algumas edificações contemporâneas, como aeroportos, apresentam uma escala tão grande que se tornam uma paisagem em si. Este aeroporto apresenta uma forma orgânica que foi criada como resposta ao seu entorno. O projeto modulado e bem legível do prédio cria uma sequência repetitiva de ondas formadas por enormes asas pré-fabricadas de aço. A cobertura é sustentada por pilares compostos em forma de árvore e foi perfurada por claraboias que banham cuidadosamente com luz natural os interiores do nível superior do terminal.

1

Renovação de um campus universitário

Projeto: Campus de Headington, Universidade Oxford Brookes

Arquitetura: Design Engine Architects Ltd.

Cliente: Universidade Oxford Brookes

Localização/data: Oxford, Inglaterra / a partir de 2009

Este capítulo abordou o contexto das edificações, o qual exige uma profunda análise da área na qual os prédios se inserem, bem como as características de orientação solar, vistas, escala, volumetria e forma; estas, por sua vez, relacionam-se com as edificações e os espaços ao redor delas.

Quando a Universidade Oxford Brookes decidiu renovar o campus de Headington, seu principal campus, ela contratou o escritório de arquitetura britânico Design Engine para elaborar um novo plano diretor para o terreno, que tem 2.276 m². Foi solicitado aos arquitetos que projetassem uma série de prédios conectados entre si, como parte de um plano para a universidade que seria executado em fases. Os projetos elaborados pela Design Engine foram aprovados, e as obras, orçadas em 123 milhões de dólares, iniciaram em 2011. O projeto inclui uma nova biblioteca, um grêmio estudantil e uma Escola do Ambiente Construído, todos distribuídos ao redor de novos pátios internos, e uma área comercial que leva a uma nova praça com pisos secos.

O desafio para a área de intervenção era trabalhar com uma variedade de prédios e espaços preexistentes, mantendo a escala de uma vila ou cidade pequena. O programa de necessidades do projeto exigia a análise de vários prédios e espaços: alguns grandes, como os espaços abertos e as bibliotecas, outros menores, como as salas de aula, os pequenos auditórios e os espaços de serviço.

Os espaços previstos para o campus terão uma diversidade de escalas e tipos, permitindo que os estudantes interajam entre si e combinando espaços de convívio com ambientes de aprendizado em grupo. Esses espaços irão se adaptar às necessidades variáveis dos estudantes e serão flexíveis, para que possam ser utilizados tanto para o estudo individual como em grupo.

Além disso, haverá espaços externos e a céu aberto, além das praças e dos pátios internos. Por fim, uma série de espaços distribuídos na periferia da área terá caráter mais público; tais locais fazem parte dos espaços viários e públicos da cidade e da comunidade nas quais o campus se insere. Os espaços e prédios são parte da paisagem e trabalham juntos para criar um novo senso de lugar, um novo campus e uma identidade para a universidade. Um conjunto de ruas e passeios será empregado para conectar os prédios, as salas de aula e outros equipamentos de aprendizado dos estudantes.

1. Desenho do conceito de projeto

Este desenho de conceito tridimensional mostra as relações entre os principais elementos do projeto para o novo campus e a rota que conecta os diferentes elementos do conjunto.

1

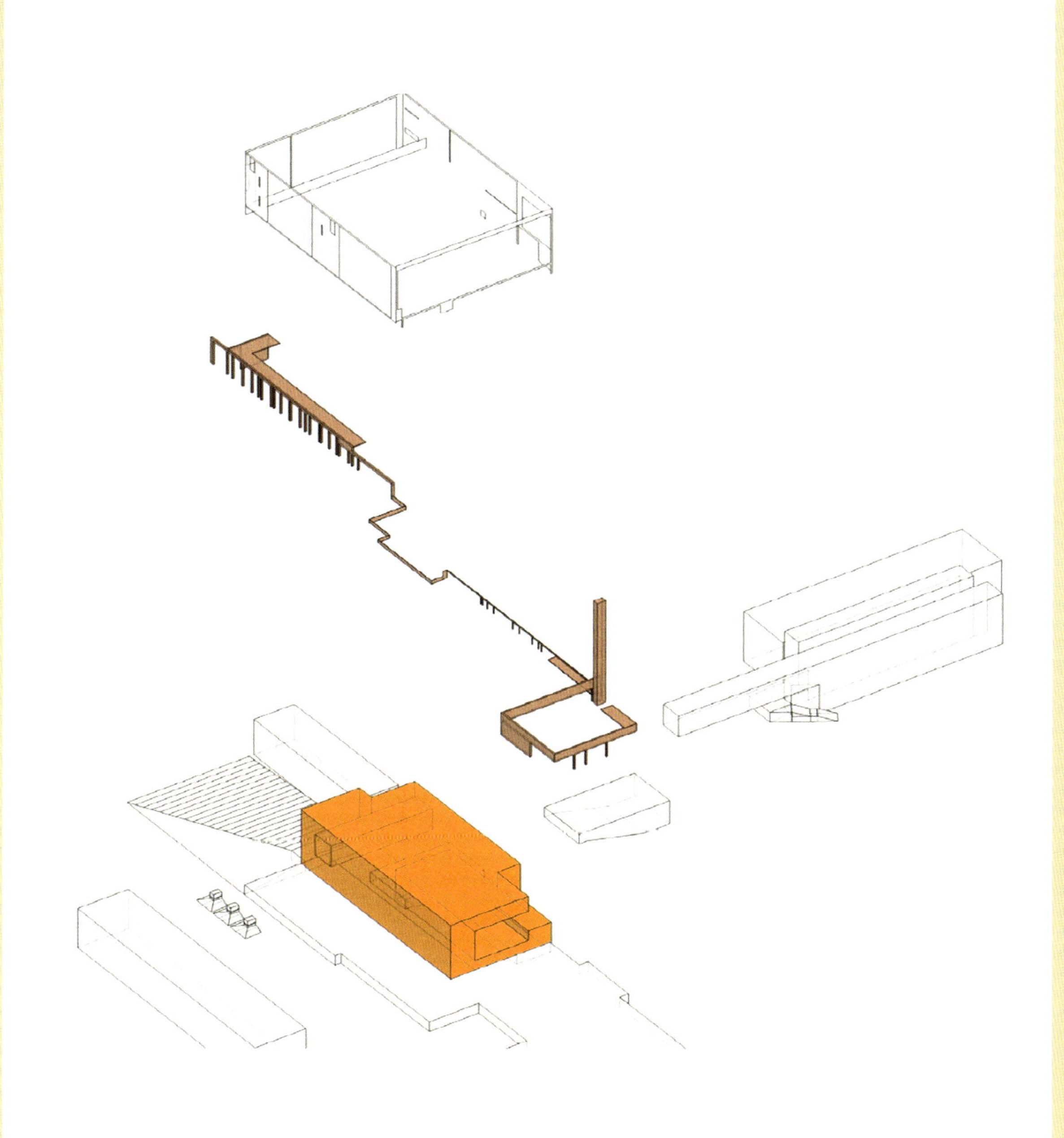

O conceito

O conceito do projeto é o estabelecimento de uma rota linear através do terreno, conectando todos os prédios e espaços. O principal espaço ou "bloco" do esquema é uma biblioteca com área de estudo, que será fechada com vidraças especialmente tratadas, conferindo uma identidade visual única ao prédio. A ideia do prédio é que ele conecte uma série de blocos e espaços; suas paredes externas são como uma pele – uma camada que une todos os elementos do terreno, conferindo homogeneidade ao conjunto.

Essa "pele" é composta de painéis de revestimento e um sistema de vidraças que foi especialmente desenhado para o projeto. O prédio em si será o tema de várias pesquisas e análises. O sistema de vidraças e painéis de revestimento externo usa imagens da estrutura celular das árvores para se relacionar visualmente com a pauta ambientalista da universidade, bem como para trazer a natureza para as vedações e o interior do prédio.

O acabamento empregado no prédio criará um efeito muito peculiar, tanto internamente, uma vez que ele filtra a luz incidente, como externamente, em termos de suas superfícies ou fachadas.

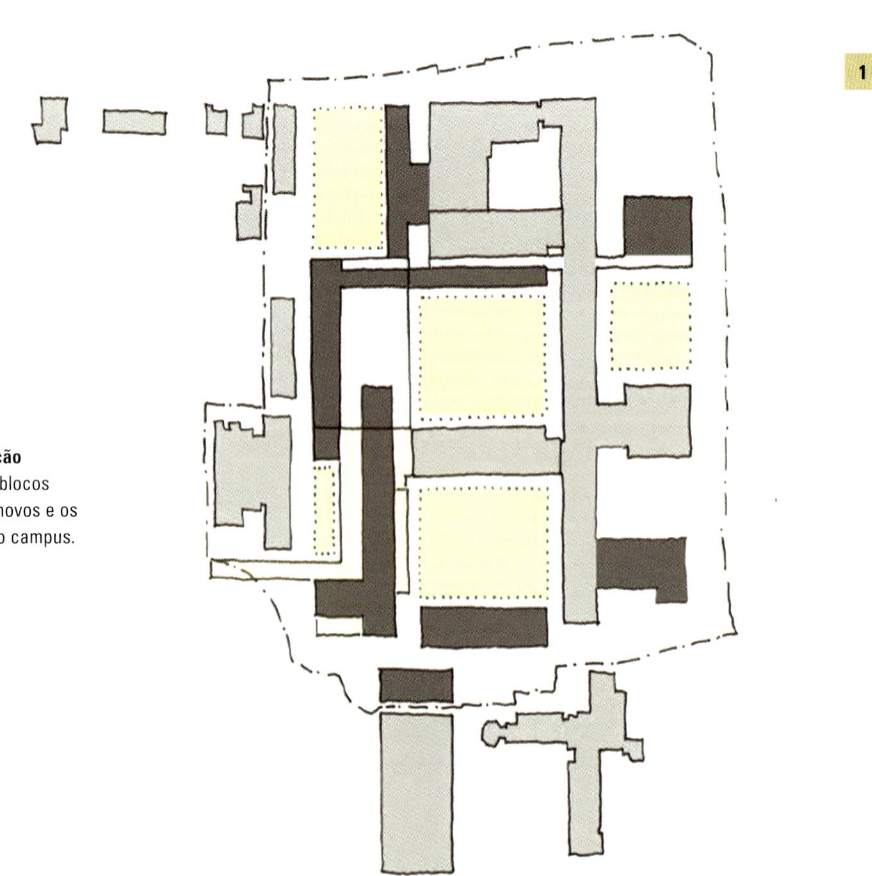

1

1. Diagrama da implantação
Este diagrama mostra os blocos preexistentes, os blocos novos e os novos espaços abertos do campus.

2

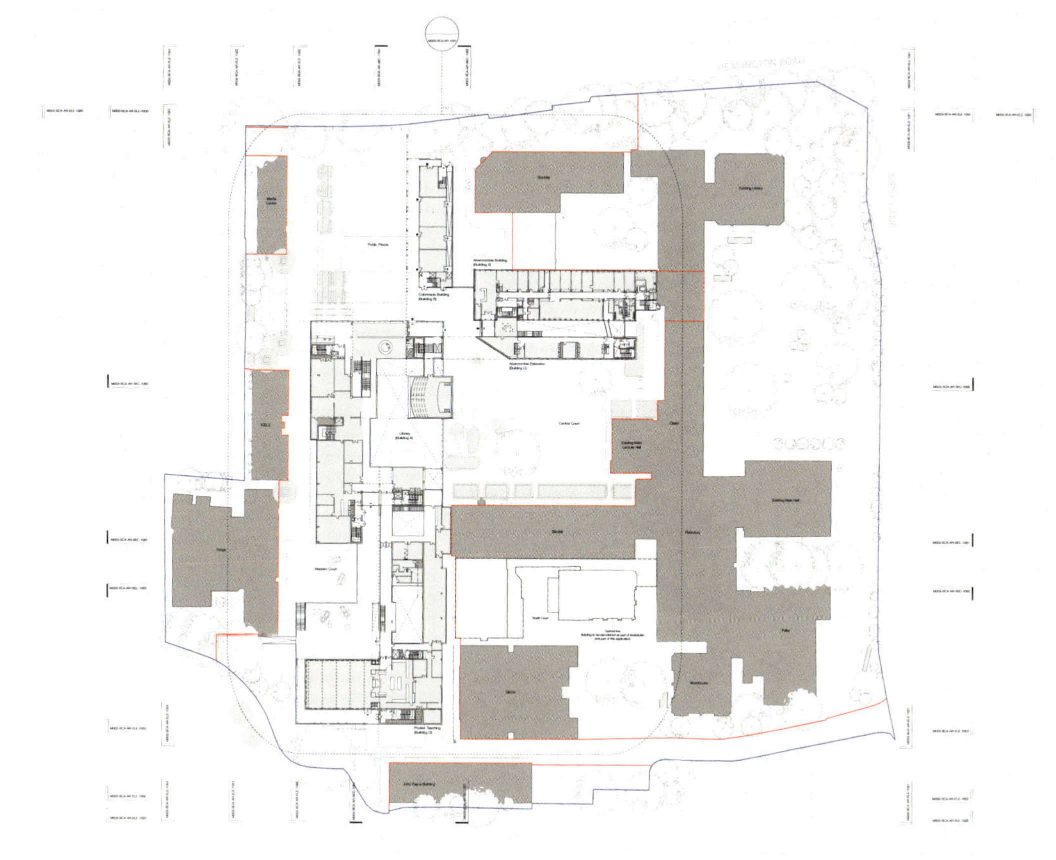

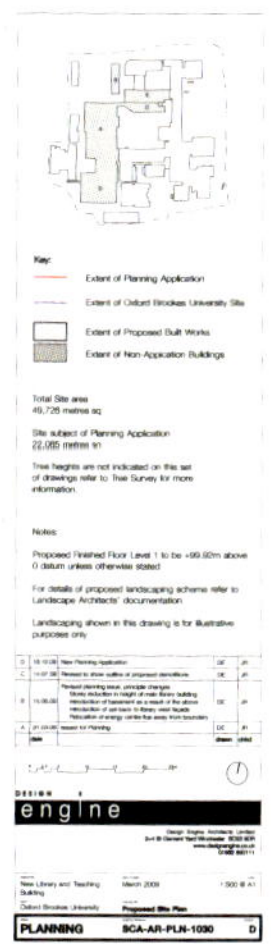

2. Plano diretor

Planta geral do plano diretor, mostrando o projeto de paisagismo, os prédios preexistentes e o entorno imediato.

Exercício: Análise de um terreno

A análise de um terreno envolve o registro dos aspectos que irão influenciar o desenvolvimento de um projeto. Cada terreno é único e exigirá o registro de um conjunto diferente de considerações. É importante dedicar algum tempo à "leitura" do terreno, para cruzá-lo e circundá-lo a pé, experimentá-lo e tentar registrá-lo por meio de suas informações físicas e seus diversos dados, como tamanho e orientação solar. Também é preciso fazer interpretações de cunho mais pessoal, como a identificação de espaços abertos e vistas interessantes. Todas essas informações poderão ser consultadas durante a elaboração do programa de necessidades.

A análise do terreno deve oferecer subsídios à sua proposta de ocupação. Para fazer este exercício:

1. Escolha um terreno e elabore uma planta de situação, inserindo-o em seu contexto.

2. Riscando em sua planta de situação, registre as questões relativas ao terreno que poderão influenciar seu projeto.

3. Use diagramas para relacionar as diferentes questões identificadas ao longo de todo o terreno. Use diferentes cores ou hachuras para distinguir visualmente suas ideias. Você poderá utilizar uma série de diagramas elaborados sobre a mesma planta de base e focar os temas mais importantes do terreno.

Algumas questões que poderão afetar seu projeto:

Clima
Vistas
Eixos existentes
Meios de transporte
Aspectos históricos
Escala
Construções preexistentes
Materiais

1. Mapa em escala
Ao analisar o contexto de um terreno, a elaboração de um mapa em escala é importante para o entendimento de sua situação e dos elementos que o circundam. Esse mapa de base poderá ser trabalhado posteriormente com o uso de cores e textos que acrescentarão informações sobre o terreno, como a direção dos ventos, a orientação solar, etc.

exercício

1

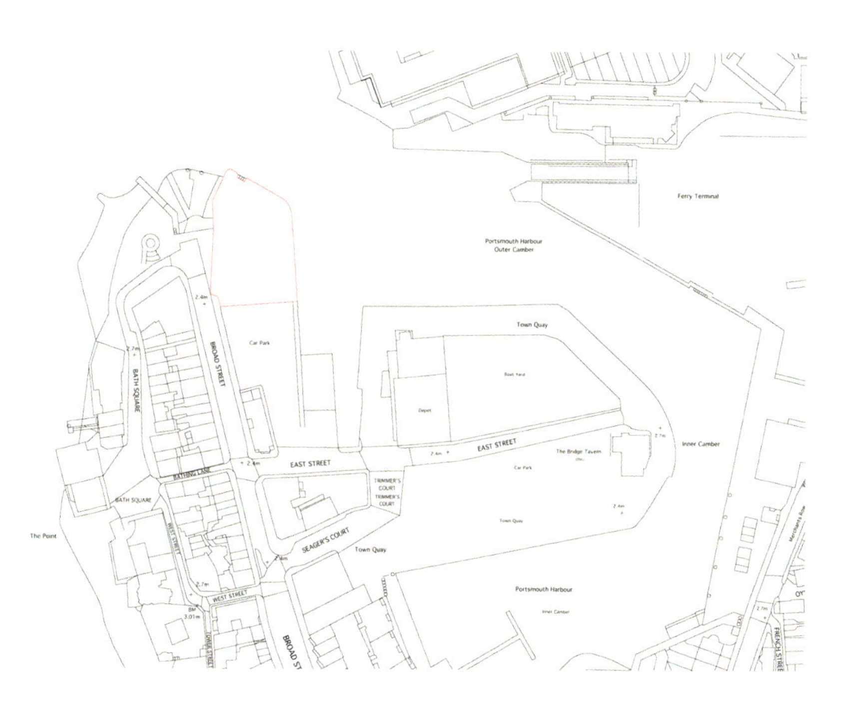
N
Ferry Terminal
Portsmouth Harbour
Outer Camber
Town Quay
Car Park
BROAD STREET
BATH SQUARE
EAST STREET
BATHING LANE
TRIMMER'S COURT
SEAGER'S COURT
WEST STREET
The Point
Inner Camber
Portsmouth Harbour
The Bridge Tavern

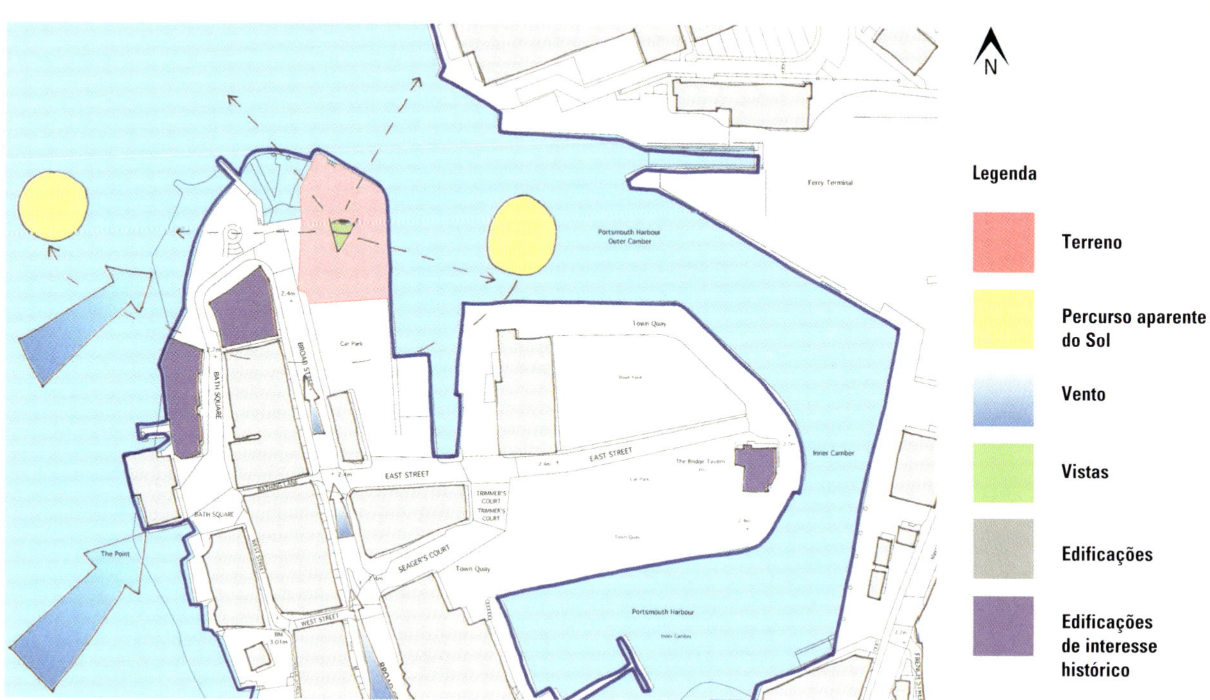
N
Ferry Terminal
Portsmouth Harbour
Outer Camber
Town Quay
Car Park
EAST STREET
BATH SQUARE
SEAGER'S COURT
WEST STREET
The Point
Inner Camber
Portsmouth Harbour
The Bridge Tavern
Legenda
Terreno
Percurso aparente do Sol
Vento
Vistas
Edificações
Edificações de interesse histórico

Capítulo 2
A História e os Precedentes

Os projetos e as inovações se desenvolvem a partir de precedentes, ideias e conceitos que vêm evoluindo com o passar do tempo. A arquitetura usa os precedentes da história social e cultural e aplica essas influências às edificações, formas e estruturas contemporâneas. A compreensão histórica das edificações é uma parte essencial do projeto de arquitetura, pois ela permite uma relação entre os desenvolvimentos materiais, físicos e formais que foram previamente explorados por outros arquitetos. A reação ou a resposta a essas ideias tem sido a base da evolução da arquitetura ao longo da história.

1. Museu de arte Kolumba, Colônia, Alemanha
Peter Zumthor, 2003–2007
O museu de arte Kolumba, completado em 2007 de acordo com um projeto elaborado por Peter Zumthor, responde ao contexto histórico preexistente de uma igreja gótica. O novo se funde ao antigo.

1

3100 a.C.
Stonehenge, localizado em Wiltshire, Inglaterra, é um monumento composto por um círculo de pedra. Os monólitos de *sarsen* chegam a pesar 50 toneladas cada e foram trazidos de um local que fica a mais de 50 km de distância. A estrutura está alinhada com os pontos de solstício e equinócio, e ainda hoje é utilizada para celebrar esses eventos.

2600 a.C.
As pirâmides de Gizé, no Egito, são os símbolos arquitetônicos mais antigos. Criadas como tumbas para o Faraó Quéops e seus sucessores, elas foram construídas em pedra e sua execução exigiu o trabalho organizado de milhares de homens. As pirâmides estão entre os monumentos mais famosos e extraordinários do mundo.

450 a.C.
A Acrópole de Atenas, na Grécia, é um conjunto de edificações construídas em uma colina. Ela inclui o Partenon, o Erecteion e o Templo de Atena Niké. Essas edificações são os símbolos mais duradouros da arquitetura e da cultura clássicas.

126 d.C.
O Panteon foi construído pelo imperador romano Adriano para servir como um templo para todos os deuses. Ele usou concreto-massa para criar uma cúpula impressionante com um óculo aberto no topo, permitindo a entrada da luz no espaço interno.

1194
A Catedral de Chartres, nos arredores de Paris, França, representa a arquitetura gótica e possui uma nave central impressionante, com 37 metros de altura. Arcobotantes fazem a sustentação externa das paredes, o que permitiu que ela chegasse a essa altura.

1417
Filippo Brunelleschi foi o arquiteto florentino responsável por projetar o famoso *Duomo* (A Catedral) de Florença, na Itália. Ele criou uma máquina que possibilitava a análise e o desenho de perspectivas. A máquina foi construída com uma série de espelhos que o permitiam analisar aquilo que via. Até então, as pinturas e imagens não representavam as perspectivas com precisão, visto que ninguém tinha os conhecimentos conceituais ou matemáticos necessários.

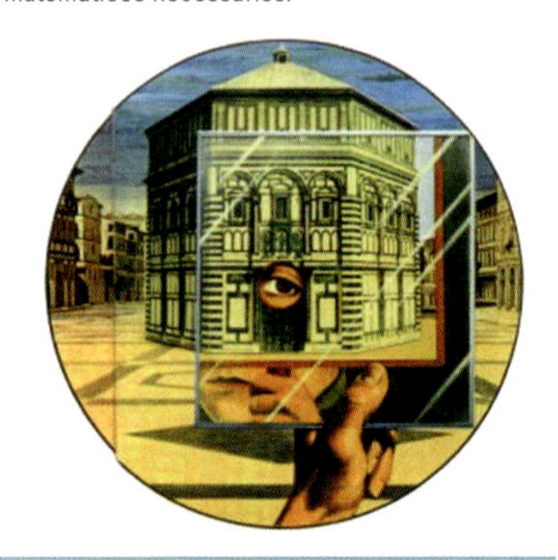

1492
O *Homem Vitruviano*, de Leonardo da Vinci, representa a relação entre o homem e a geometria. Para criá-lo, da Vinci se inspirou nos estudos de Vitrúvio, que descreviam um conjunto de medidas ou módulos baseados nas proporções e dimensões humanas.

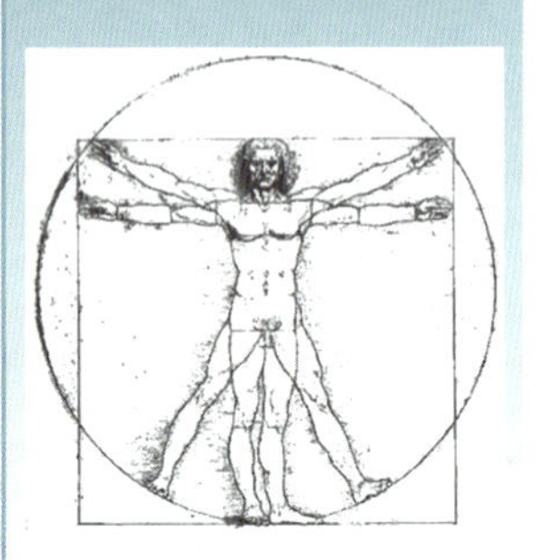

1755
A cabana de Laugier (ou cabana primitiva) foi descrita pelo Abade Laugier em um ensaio seminal sobre a arquitetura. Nele, a natureza é usada para fazer uma analogia com a arquitetura: os troncos das árvores formam colunas, enquanto os galhos e folhas compõem o telhado. Trata-se da forma mais antiga e simples de abrigo.

1779
Construída com ferro fundido, a Ponte de Ferro, localizada em Shropshire, na Inglaterra, representa a Revolução Industrial e os novos materiais e tecnologias que vieram a transformar a forma das edificações. O ferro permitiu a construção de estruturas e edificações mais leves e ambiciosas.

1851
Joseph Paxton construiu o Palácio de Cristal, em Londres, para a Grande Exposição de 1851, introduzindo um novo tipo de arquitetura, inspirado em tecnologia, engenharia e inovação. Usando uma leve estrutura de ferro e vidro, ele criou uma obra de arquitetura transparente.

1889
A Torre Eiffel, em Paris, foi construída para a Exposição Universal de Paris de 1889. Projetada pelo engenheiro Gustave Eiffel, era a maior estrutura de ferro fundido da época. Embora tenha sido criada como uma estrutura temporária, a torre permaneceu, e hoje é uma peça fundamental da identidade da cidade.

1919
O movimento Bauhaus teve início como a escola de arte e arquitetura de mesmo nome em Weimar, Alemanha. Ele foi organizado por alguns dos arquitetos e desenhistas de produto mais influentes do século XX, incluindo Walter Gropius, Hannes Meyer, Ludwig Mies van der Rohe e László Maholy-Nagy.

1924
Gerrit Rietveld projetou a Casa Schröder, nos Países Baixos. Trata-se do exemplo mais conhecido da arquitetura De Stijl, e é uma edificação sem paredes internas. A Casa Schröder faz parte da filosofia que busca simplificar a composição visual usando elementos horizontais, cores primárias e preto e branco.

1929
O Pavilhão de Barcelona foi projetado em 1929 pelo arquiteto alemão Ludwig Mies van der Rohe. Ele representa um novo tipo de arquitetura moderna, questionando a posição das paredes, pisos e coberturas, e introduzindo um novo vocabulário de planos e superfícies.

1931
Shreve, Lamb e Harmon projetaram o Edifício Empire State, em Nova York. Com seus 102 pavimentos, era a maior edificação com estrutura independente da época.

1947
Le Corbusier, que se interessava por conceitos como proporção, geometria e corpo humano, desenvolveu o sistema modulor. O *Le Modulor* foi publicado e usado como escala no projeto de muitas edificações, incluindo a Capela de Ronchamp, na França.

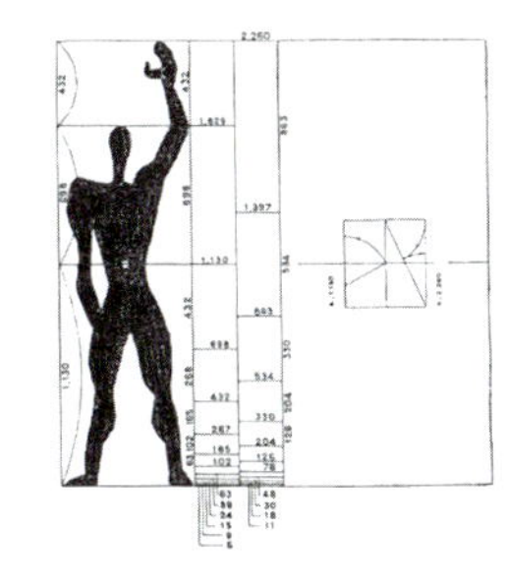

1972
O Centro Pompidou, em Paris, projetado por Renzo Piano e Richard Rogers, reinventou a ideia da edificação como uma máquina. Todas as suas instalações – elevadores, tubulações e dutos de ventilação – são externas, criando um efeito marcante.

2000
Os arquitetos da Marks Barfield Architects construíram a London Eye originalmente como uma estrutura temporária para comemorar a chegada do novo milênio, mas ela se tornou um exemplo de arquitetura tão celebrado quanto a Torre Eiffel. Ela é, ao mesmo tempo, uma obra de engenharia e uma obra de arquitetura dinâmica, que desafia a visão que temos de Londres.

1. As Pirâmides de Gizé, Egito
c. 2600 a.C.
Os faraós viam a construção desses túmulos como a expressão de seu reinado, assim como muitas corporações internacionais e governos atuais constroem edifícios cada vez mais altos e mais caros para simbolizar seu poder e importância.

O mundo antigo

A história da arquitetura está intrinsecamente conectada à história da civilização. Embora nossos ancestrais nômades tenham desenvolvido abrigos temporários sofisticados – alguns deles, como as tendas dos *yurt*, nas planícies mongólicas, ainda são usados –, a adoção de um estilo de vida mais sedentário resultou na necessidade de abrigo permanente.

O EGITO ANTIGO

Diferentemente das cidades-estado da Mesopotâmia, que passavam grande parte do tempo guerreando entre si, o Rio Nilo (em seu percurso final de 1.100 km até o Mar Mediterrâneo) era cercado por desertos em ambos os lados, o que dificultava o ataque por quem vinha de fora e resultou em uma sociedade que se manteve intocada em relação às influências externas por mais de três mil anos. Durante esse período, os egípcios desenvolveram uma arquitetura caracterizada, em suas primeiras dinastias, por túmulos piramidais erguidos acima do chão e, posteriormente, pelas tumbas subterrâneas belissimamente decoradas construídas no Vale dos Faraós.

Em ambos os casos, as edificações refletiam a crença na vida após a morte, fortemente arraigada entre os egípcios. Essa crença também se refletia no cotidiano e era experimentada como uma série de dualidades: noite e dia, enchentes e secas, água e deserto. Tal crença e tais dualidades nos ajudam a entender por que o Vale dos Faraós (onde enterravam os mortos) fica no lado oeste do Rio Nilo, o horizonte onde o Sol se põe, enquanto os templos e assentamentos de Luxor ficam no lado leste, que é o horizonte do Sol nascente.

Esse posicionamento simbólico das antigas edificações egípcias também era enfatizado pela precisão de sua construção. As pirâmides de Gizé foram construídas por volta de 2600 a.C. com uma imprecisão de apenas 10 cm sobre uma base perfeitamente quadrada de 150 m de lado, e seu ápice cria uma forma geométrica precisa derivada da seção áurea (veja a página 123). No interior de cada pirâmide, os corredores estreitos que levam às câmaras mortuárias estão completamente alinhados com as constelações celestes, uma vez que estas eram vistas como o local de repouso para onde iam as almas dos faraós após a morte.

A escala e a precisão com que essas estruturas foram executadas são assombrosas, exigindo, inclusive pelos padrões atuais, conhecimentos avançados de engenharia – a começar pela origem dos milhões de blocos quadrados usados em sua construção. As pedras foram retiradas de pedreiras do Alto Egito, a quase 640 km do local, e transportadas pela água antes de serem erguidas e posicionadas.

AS ESTRUTURAS NEOLÍTICAS

A Idade da Pedra compreende três períodos: o Paleolítico, o Mesolítico e o Neolítico. As culturas neolíticas criaram estruturas colossais de pedra na paisagem das Ilhas Britânicas. Essas estruturas muitas vezes configuravam grandes círculos de monólitos e impressionam pela escala, pelo método de construção e pelas relações que elas supostamente têm com os percursos aparentes do Sol e da Lua.

Stonehenge, contudo, provavelmente é a estrutura neolítica mais famosa de todas. O círculo de pedras desse sítio é de aproximadamente 3100 a.C. Inicialmente, Stonehenge era uma série de escavações, as quais geralmente chamamos de uma "obra de terraplenagem" ou "trabalhos em terra". Essa estrutura foi substituída mil anos depois pela etapa de construção seguinte, que envolveu o transporte de pedras do litoral sudoeste do País de Gales. Stonehenge não foi construída para fins utilitários. Ela não é uma construção feita para servir de abrigo, e sim para representar uma conexão espiritual entre os mundos natural e celestial.

2. Túmulo megalítico de Newgrange, Knowth, Irlanda, c. 3200 a.C.
Este é o observatório solar mais antigo do mundo. Newgrange é uma enorme colina de rochas, pedras e terra, e foi construído para comemorar a aurora do solstício de inverno, quando um feixe de luz entra no eixo do túmulo e ilumina sua câmara central.

3. Stonehenge, Condado de Wiltshire, Inglaterra, c. 3100–2000 a.C.
Stonehenge é um monumento megalítico do Período Neolítico e da Idade do Bronze. Ele é composto de obras de terraplenagem em torno de um conjunto circular de grandes pedras verticais. Os arqueólogos acreditam que os monólitos tenham sido erguidos entre 2500 a.C. e 2000 a.C., embora o banco de terra circular e o fosso que os circundam remontem a aproximadamente 3100 a.C.

O mundo clássico

Na arquitetura, a influência das civilizações grega e romana se reflete em conceitos, formas, ideias, decorações e proporções que foram reinterpretados pelos estilos renascentista (na Itália do século XV), georgiano (na Londres do século XIX) e colonial norte-americano. Há um espírito duradouro de elegância e equilíbrio na arquitetura e ideias clássicas.

A GRÉCIA ANTIGA

Ainda que as civilizações mesopotâmica e egípcia tenham formado a base da arquitetura, foram as sociedades da Grécia Antiga que formalizaram a linguagem da disciplina pela primeira vez.

Boa parte da cultura moderna deve suas origens à civilização grega clássica. A democracia política, o teatro e a filosofia derivam de uma sociedade que, tendo dominado a produção de alimentos, descobriu que tinha tempo de sobra para pensar, refletir e tentar entender as regras do mundo em que vivia. Algumas das maiores mentes da história, incluindo Platão, Aristóteles e Pitágoras, lançaram os padrões de pensamento que dominariam a cultura ocidental pelos próximos dois mil anos.

A arquitetura da Grécia Antiga (produzida durante o chamado "Período de Ouro" ou "Século de Péricles") chegou a tal nível de refinamento e qualidade que passou a ser definida como "clássica".

Atualmente, as referências feitas à linguagem clássica da arquitetura não aludem apenas à forma, mas também à maneira pela qual os arquitetos da Grécia Antiga desenvolveram uma metodologia que poderia ser aplicada a todas as tipologias de edificação.

Literalmente, os blocos de construção de tal metodologia são as colunas usadas para sustentar a construção. De acordo com sua esbelteza e nível de decoração, essas colunas pertencem a um dentre cinco estilos. São eles: toscano, dórico, jônico, coríntio e compósito, variando, na ordem citada, de curtas e atarracadas a esbeltas e elegantes. Coletivamente, essas colunas são conhecidas como as "cinco ordens".

O diâmetro de cada coluna é determinado tanto por sua altura como pelo espaço deixado entre elas (chamado de intercolúnio), e, consequentemente, pelas relações com o todo e as proporções da edificação sustentada. Cada elemento individual da arquitetura grega se relacionava matematicamente com todos os demais, transformando a edificação em uma totalidade integrada.

1. As cinco ordens da arquitetura clássica
Quase todos os edifícios públicos da Grécia e da Roma Antigas foram projetados com base nas cinco "ordens" da arquitetura. Tais ordens são expressas de acordo com o projeto das colunas e os detalhes da parte superior das fachadas que sustentavam. As cinco ordens são (da esquerda para a direita): toscana, dórica, jônica, coríntia e compósita; seus desenhos variam de simples e despojados a extremamente decorados. Os números indicados neste diagrama se referem à razão entre altura e diâmetro da coluna. A altura da coluna toscana, por exemplo, é sete vezes o seu diâmetro.

1

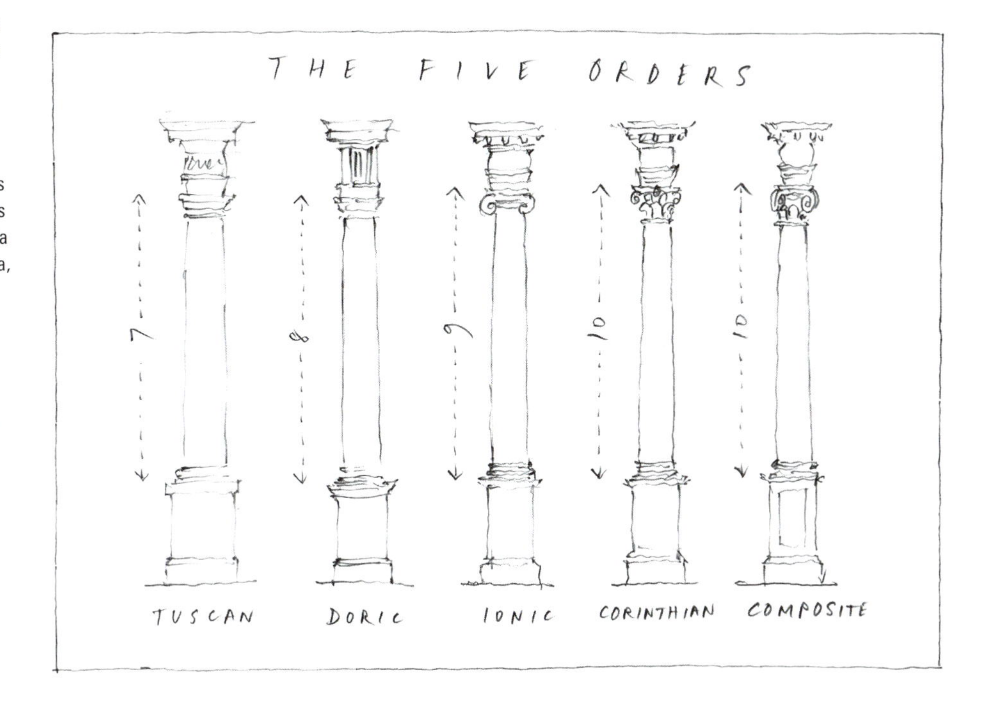

Esse sistema modular, em que a largura da coluna determinava as proporções da edificação, gerou uma fórmula de projeto. O esquema poderia ser aplicado tanto a uma casa pequena como a uma cidade inteira, e, ao fazê-lo, permitia a criação de uma arquitetura homogênea e harmoniosa.

Muitos exemplares da arquitetura clássica da Grécia Antiga permanecem até hoje; o mais conhecido deles provavelmente seja a Acrópole de Atenas – o centro simbólico do mundo clássico. A Acrópole é, na verdade, um conjunto fortificado de prédios individuais erguidos ao redor do grande templo do Partenon. Esse ícone da arquitetura era um local de culto que abrigava uma estátua gigantesca, feita de marfim e coberta em ouro, da deusa Atena, a protetora da cidade. Embora poucas pessoas tivessem o privilégio de ver a estátua, a parte externa da edificação já era uma expressão de orgulho cívico e nacional.

Seu friso, isto é, a faixa de painéis esculpidos que cerca a edificação acima da linha das colunas, é considerado por muitas pessoas uma das maiores obras de arte já feitas pelo homem. Tendo gerado muita controvérsia, eles agora estão expostos no Museu Britânico e representam a Grande Panatenas, o ritual de vestimento realizado a cada quatro anos – executado com tal perfeição que o mármore maciço parece flutuar nas dobras do material que compõe os mantos dos deuses. Isso ressalta o valor que os gregos davam à observação e à compreensão da forma humana.

O mundo clássico também lançou mão do planejamento urbano. Em cidades como Mileto e Priene, a ordem social se refletia nas moradias e edificações públicas, salões de reunião e ginásios centrais, todos lançados cuidadosamente sobre uma grelha. O planejamento das cidades estava orientado, acima de tudo, a um intercâmbio de bens e ideias, o que faz com que a "ágora", ou mercado, seja considerada o coração das cidades gregas.

Além disso, os arquitetos da Grécia Antiga produziram grandes anfiteatros, capazes de acomodar cinco mil pessoas com facilidade, oferecendo linhas de visão e uma acústica perfeitas – qualidades que, ainda hoje, muitos arquitetos acham difícil de igualar.

O mundo medieval

A queda de Roma e o declínio da civilização ocidental levaram ao caos cultural que caracterizou a Idade das Trevas, criando uma visão de arquitetura que diferia muito daquela que marcou a antiguidade clássica. Em um período de incertezas, inseguro de sua própria capacidade de compreender o mundo ao seu redor, o homem geralmente se volta para fontes externas capazes de determinar o futuro. Por essa razão, o período medieval testemunhou certo distanciamento do secular, enquanto o divino era buscado como fonte de certezas.

A ARQUITETURA GÓTICA

O principal objetivo de boa parte da arquitetura medieval era transmitir narrativas bíblicas para as massas quase que completamente analfabetas. Para atender a esse fim, as catedrais medievais desenvolveram uma forma única que reduzia o tamanho da estrutura em uma edificação e permitia que vitrais iluminassem seu interior, trazendo a luz e a mensagem divinas de um deus cristão.

Além disso, o desejo de escapar dos tormentos da existência terrena e buscar conforto na vida pós-morte acarretou uma ênfase na verticalidade, resultando no estilo arquitetônico da ascensão. Ao voltar os olhos para os céus, o estilo gótico utilizou arcos apontados de maneira característica, colocando a estrutura no exterior das edificações. Um dos principais exemplos pode ser encontrado na Saint Chappelle (Santa Capela), uma capela perto da imensa catedral gótica de Notre Dame, na Isle de la Cité, em Paris, França. A ênfase arquitetônica na verticalidade se faz presente no exterior nos pináculos de suas torres, que já serviram como marcos para peregrinos (refletindo a crença de que quanto mais alto o pináculo, maior a importância religiosa da cidade).

A arquitetura gótica também adotou uma organização bastante precisa e frequentemente complexa, onde proporções sagradas (veja a página 123), refletindo o mundo natural, eram empregadas para celebrar o divino.

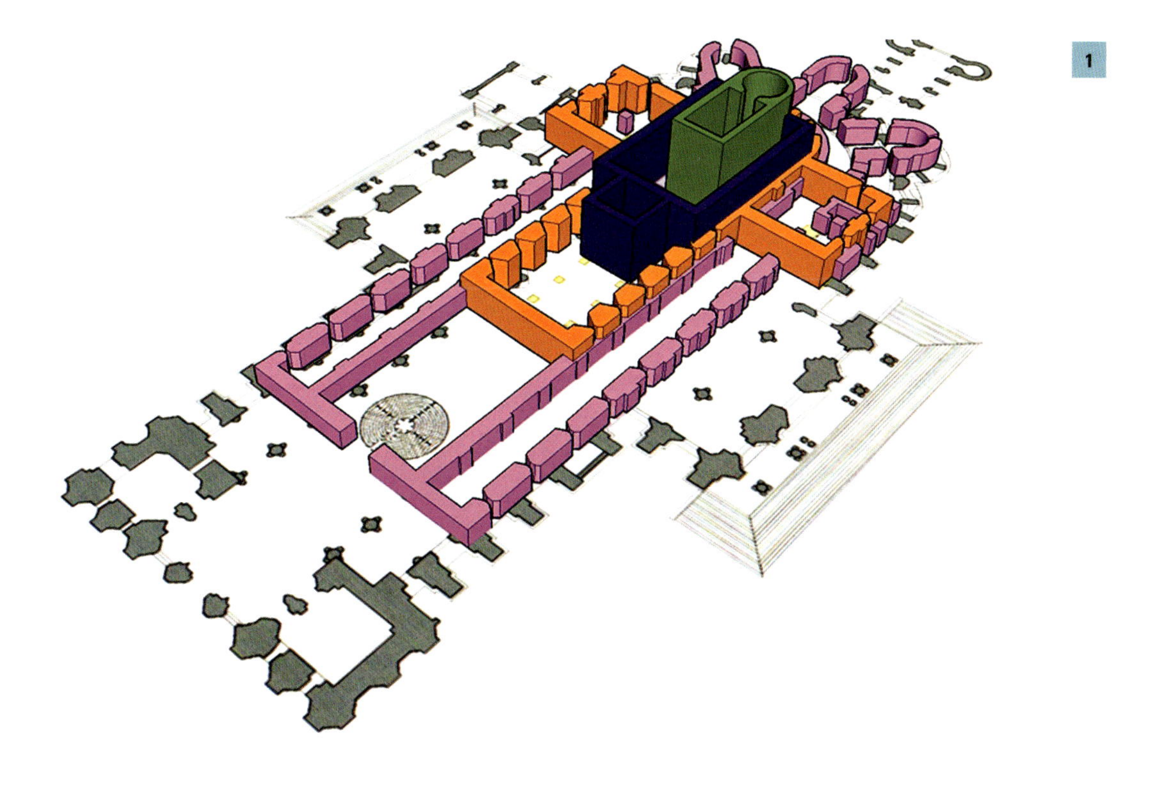

1

Nas edificações habitacionais, os avanços do mundo clássico se perderam, e a arquitetura gótica voltou a tipologias em grande parte vernaculares, usando técnicas de construção e materiais locais, muitas vezes com estruturas de madeira. Ainda que primitivo em muitos aspectos, o resultado geral dos métodos de construção aplicados pelos carpinteiros medievais apresentava uma considerável criatividade em termos de tecnologia. O uso de materiais autóctones geralmente sem revestimentos conferia às edificações uma relação íntima com a paisagem da região e da localidade. Essa característica das construções hoje está sendo reinterpretada pelo movimento da arquitetura ecologicamente sustentável.

Além disso, o desenvolvimento paulatino das vilas e cidades durante todo o período resultou em um planejamento urbano irregular, o que conferiu a muitos burgos charme e caráter próprios. No final do período medieval, o ressurgimento do poder secular levou à construção de edificações mais significativas em torno dos pontos centrais de comércio. Mesmo na escala menor, isso fica evidente nas muitas cruzes de mercado que foram erguidas em pequenas cidades. No outro lado do espectro, o período testemunhou a construção de alguns dos prédios medievais mais belos, como o Palácio do Doge, em Veneza, Itália, que foi uma das raras edificações laicas trabalhadas e ornamentadas no nível de uma catedral medieval.

1. Desenvolvimento da Catedral de Chartres ao longo da história
Emma Liddell, 2007
Este diagrama demonstra como a Catedral de Chartres evoluiu de suas raízes como capela centralizada galo-romana (c. 500 d.C.) até chegar à catedral gótica (de aproximadamente 1260 d.C.) que é tão conhecida. Cada uma das fases subsequentes da edificação envolve completamente a anterior.

1

O Renascimento

Poucas vezes a história da arquitetura passou por mudanças tão rápidas e fundamentais em termos de postura como as testemunhadas pela Itália no início do século XIV.

O HUMANISMO

Este período foi marcado pela rejeição da escolástica medieval e um interesse renovado pela arquitetura clássica. Embora estivessem familiarizados com as edificações góticas da Europa, os arquitetos se lembravam claramente da arquitetura grandiosa do Império Romano e começaram a readotar a linguagem clássica da arquitetura. Essa linha de investigação artística ganhou força em Florença, onde mercadores ricos e autoconfiantes, juntamente com novas famílias de banqueiros, como os Medici, tornaram-se patronos de um pequeno grupo de arquitetos que começara a reavaliar e a fazer experimentos, por tentativa e erro, com a linguagem clássica da arquitetura.

Para a geração anterior, as obras criadas no mundo clássico antigo pareciam ter formas e complexidade inimagináveis. A nova sensibilidade buscava compreender a arquitetura clássica com base na validação da capacidade de raciocínio do homem e da possibilidade de entender o mundo por meio da observação e do intelecto, deixando de lado as explicações predeterminadas.

Filippo Brunelleschi, 1377–1446
Brunelleschi nasceu em Florença, Itália. Foi treinado para ser escultor antes de estudar escultura e arquitetura com Donatello, em Roma. Em 1418, Brunelleschi venceu o concurso para projetar o *Duomo*, a Catedral de Santa Maria del Fiore, em Florença. A cúpula projetada por ele cobria o maior vão da época. A cúpula de Brunelleschi é, na verdade, composta por uma série de cúpulas sobrepostas, e o espaço entre elas é tão grande que permite que uma pessoa caminhe nele. Ele também foi responsável por inventar máquinas que ajudariam em diferentes aspectos da arquitetura, desde erguer pesos até entender melhor a questão da perspectiva.

Leon Battista Alberti defendeu essa abordagem intelectual e expôs as novas descobertas do mundo clássico no tratado *De Re Aedificatoria Libri Decem* (*Dez Livros sobre Arquitetura*). Nele, Alberti afirmou que a perfeição matemática das formas platônicas era um reflexo da perfeição divina criada por Deus, afirmando que igrejas com plantas baixas centralizadas e simétricas seriam mais indicadas que a forma tradicional da cruz latina adotada pela arquitetura gótica. Seu ideal levou alguns anos para se concretizar, manifestando-se nas plantas baixas criadas por Michelangelo para a Basílica de São Pedro, em Roma, um testemunho da influência dos escritos teóricos de Alberti sobre arquitetura.

Um dos símbolos mais marcantes do Renascimento italiano provavelmente é a cúpula de Santa Maria del Fiore, em Florença, projetada por **Filippo Brunelleschi**, conhecida simplesmente como *Il Duomo* (a catedral ou o domo, em italiano). Nela, a necessidade de cobrir um vão de 42 metros exigiu uma solução sem precedentes na história, levando Brunelleschi a elaborar um método criativo para amarrar a base da cúpula com uma corrente de ferro gigantesca, de modo a resistir aos enormes empuxos para fora. Além de adaptar a linguagem da planta baixa das igrejas góticas para produzir uma arcada semicircular que se apoiava nas colunas clássicas da Basílica de Santa Maria do Espírito Santo, Brunelleschi usou uma forma semelhante na arcada extremamente delicada na fachada do Hospital dos Órfãos, em Londres. Assim, ele reinterpretou a linguagem clássica de maneira criativa, modificando os precedentes encontrados na arquitetura clássica e adaptando-os às tipologias de edificações contemporâneas.

1. Catedral de Santa Maria del Fiore (Il Duomo), Florença, Itália
Filippo Brunelleschi, 1417–1434
Esta cúpula octogonal domina a Catedral de Santa Maria del Fiore. Brunelleschi buscou inspiração no domo com casca dupla do Panteon, em Roma. O projeto octogonal ímpar da cúpula dupla, que repousa sobre um tambor e não na cobertura propriamente dita, permitiu que a estrutura inteira fosse construída sem o uso de andaimes apoiados no solo. Essa construção enorme pesa 37 mil toneladas e contém mais de quatro milhões de tijolos.

2. Fachada da Basílica de Santa Maria, Novella, Florença, Itália
Concluída por Leon Battista Alberti, 1456–1470
Esta edificação é única porque todas as suas dimensões se relacionam entre si em uma razão de 1:2.

1

1. Piazza del Campidoglio, Roma, Itália
Michelangelo Buonarroti, 1538–1650
Este espaço foi projetado como um pátio elíptico. Michelangelo também projetou as duas edificações que ladeiam a praça, de modo a dar a sensação de aumento de perspectiva, exagerando as vistas em toda a cidade. A Piazza del Campidoglio (Praça do Monte Capitólio) possui uma estátua equestre centralizada do imperador romano Marco Aurélio. A praça de Michelangelo reúne geometria, percursos arquitetônicos e monumentos em um exemplo coerente de projeto urbano.

2. Croquis de Roma
Os esboços à mão livre podem ser úteis para o estudo e o entendimento dos detalhes de construção de edificações impressionantes ou curiosas que descobrimos ao visitar uma nova cidade.

2

MICHELANGELO

À medida que o Renascimento italiano se desenvolvia, também crescia a confiança dos arquitetos em sua própria capacidade criativa. Em 1550, no Alto Renascimento ou Renascimento Tardio, *Le Vite de' Più Eccellenti Pittori, Scultori, ed Architettori* (*A Vidas dos Mais Eminentes Pintores, Escultores e Arquitetos*), de Giorgio Vasari, divulgou a noção do arquiteto como um gênio criativo, um indivíduo único em razão de sua capacidade especial.

Michelangelo acreditava ter tal capacidade criativa e, ao buscar inspiração, passou a se basear em sua própria imaginação, e não em precedentes externos. Ao fazer isso, ele pôde entender a linguagem clássica por um viés único, o que o permitiu dominar determinadas regras com maestria e também quebrá-las. Isso se torna evidente no vestíbulo de entrada e na escadaria magnífica da Biblioteca Laurenciana, em Florença.

Nessa obra, Michelangelo questionou conceitos de arquitetura que haviam sido usados anteriormente de maneira bastante específica. Além de secionar o portal de entrada com um frontão, questionando, assim, sua função estrutural histórica, ele inverteu as colunas e afastou-as das paredes.

Michelangelo aproximou a arquitetura do ornamental e do ilusório; sua obra era projetada com o intuito de evocar emoções e um sentimento de teatralidade. Durante esse período, o renascimento da arquitetura clássica adotou o Maneirismo (um estilo caracterizado pelas distorções em escala e perspectiva, bem como pelo uso de cores vibrantes) e, por fim, aproximou-se da opulência e da decadência do Rococó, criando edificações e espaços cívicos descritos como panos de fundo teatrais para os eventos urbanos. Tal transição fica evidente da remodelagem do Monte Capitólio, em Roma, feita por Michelangelo, que desafiou as regras preestabelecidas no campo da perspectiva e deu origem a edificações com elementos contrastantes em várias escalas dentro de uma única composição.

O Barroco

O início do século XVIII testemunhou uma nova era do Racionalismo. Copérnico, Kepler e Galileu derrubaram a cosmologia geocêntrica cristã vigente e, uma vez que a Terra e o homem já não eram o centro do universo, então que outras crenças arraigadas poderiam ser questionadas? Essa ideia se uniu a uma enorme onda de questionamentos intelectuais que buscavam estabelecer as novas regras que governariam um universo que aos poucos se tornava "um mecanismo de engrenagens".

Claude Nicholas Ledoux, 1735–1806

Ledoux foi um arquiteto neoclássico francês, ou seja, um artista que empregava o estilo clássico da Grécia e da Roma Antigas. Ele se envolveu com muitos projetos monumentais e futuristas, como a Salina Real de Arc-et-Senans e o Teatro de Besançon, ambos na Franca. Influenciado pela arquitetura clássica grega, Ledoux sonhava com uma cidade utópica para uma nova sociedade.

Étienne-Louis Boullée, 1728–1799

Nascido em Paris, Boullée trabalhou em muitas das edificações simbólicas de larga escala da cidade, inclusive a Biblioteca Nacional. Ele também projetou estruturas visionárias que jamais foram construídas, incluindo o Cenotáfio dedicado a Newton, que era uma estrutura perfeitamente esférica. Boullée também escreveu o influente *Ensaio sobre a Arte da Arquitetura* em 1794, promovendo a arquitetura neoclássica.

1

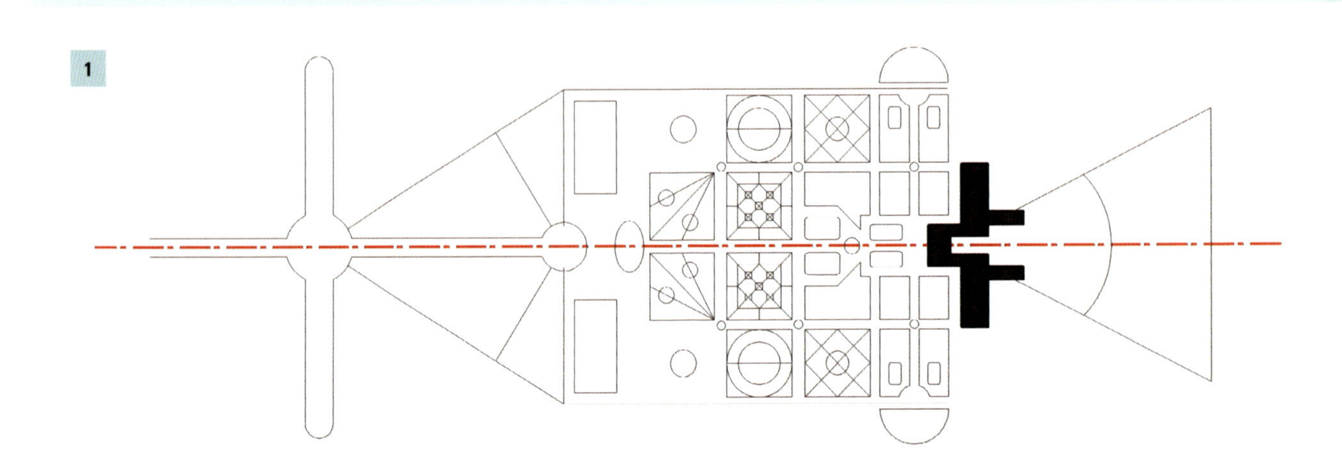

2

A EDIFICAÇÃO RACIONAL

A arquitetura também seguiu essa linha de inquisição com a obra de teóricos como o Abade Laugier, que buscava estabelecer os princípios fundamentais da disciplina, reduzindo a essência da edificação a uma edícula primitiva que, por extensão, poderia ser aplicada universalmente.

Na prática, arquitetos como **Ledoux** e **Boullée** propuseram uma arquitetura purista que buscasse a verdade externa das formas. A chamada edificação racional, inspirada na filosofia racional de René Descartes, desenvolveu-se a partir dos fundamentos da lógica e do raciocínio dedutivo, de modo a produzir uma arquitetura baseada em premissas inquestionáveis. As propostas de Boullée tinham escala monumental, e ele construiu muito pouco; dentre suas obras, os monumentos a Sir Isaac Newton constituem símbolos de seu tempo. Da mesma forma, os portões criados por Ledoux para a cidade de Paris e o projeto de uma cidade radial em Arc-et-Senans anteciparam grande parte do planejamento urbano racional que determinaria o futuro projeto urbano.

1. A planta baixa simétrica e racional do Palácio de Versalhes
Este diagrama mostra a conexão, ao longo de um eixo central, entre os jardins e a edificação do Palácio de Versalhes. As plantas baixas de ambos são simétricas ao longo do eixo. O palácio foi projetado pelo arquiteto Louis Le Vau, e os jardins, pelo arquiteto paisagista André Le Notre, em 1661.

2. O Palácio de Versalhes, Paris, França
Louis Le Vau, 1661–1774
Inicialmente uma pequena cabana de caça, o Palácio de Versalhes foi ampliado por sucessivos reis da França e chegou à sua forma atual com o projeto de Le Vau, de 1661. Projetado por arquitetos e paisagistas, ele conecta a edificação e seus jardins de modo impressionante, unindo o interior e o exterior por meio de vistas e eixos considerados com cuidado.

Inigo Jones, 1573–1652
Nascido na Inglaterra, Jones estudou primeiramente arquitetura clássica e, a seguir, viajou para a Itália. Fortemente influenciado por Paládio, que, no século XVI, havia interpretado a arquitetura clássica original em *I Quattro Libri dell'Architettura* (*Os Quatro Livros da Arquitetura* – 1570), Jones desenvolveu um estilo neopaladiano que propunha uma interpretação da arquitetura clássica. Na Inglaterra, suas obras mais influentes incluem a Queen's House, em Greenwich, e a Banqueting House, em Whitehall, além do projeto do mercado Convent Garden, em Londres.

Sir Christopher Wren, 1632–1723
Wren estudou astronomia e arquitetura na Universidade de Oxford. O Grande Incêndio de Londres, de 1666, deu a ele a oportunidade de participar da reconstrução da cidade.

Ele projetou a Catedral de São Paulo, em Londres, participou da reconstrução de 51 igrejas da cidade e também projetou, na Inglaterra, o Palácio de Hampton Court e o Hospital de Greenwich.

Nicholas Hawksmoor, 1661–1736
Hawksmoor trabalhou com Wren na Catedral de São Paulo, no Palácio de Hampton Court e no Hospital de Greenwich. Ele também colaborou com Vanbrugh no Palácio de Blenheim e no Castelo Howard, todos na Inglaterra.

Hawksmoor adotou e interpretou o estilo clássico, buscando criar uma abordagem própria.

A edificação racional como forma clássica chegou à Inglaterra com a obra de **Inigo Jones**, e as revoluções políticas que se seguiram a essa revolução intelectual foram evidenciadas em frente às portas da Banqueting House, projetada por Inigo Jones, com a decapitação de Carlos I.

Sir Christopher Wren remodelou grande parte de Londres após o Grande Incêndio de 1666 nesse novo estilo iluminista. A cúpula da Catedral de São Paulo e as torres com flecha que a circundam, criadas por **Nicholas Hawksmoor**, tornaram-se símbolos do esclarecimento intelectual, opondo-se ao agrupamento irracional e degradado de edificações com estrutura de madeira que caracterizavam a Londres medieval. A arquitetura racional conferiu uma nova escala e elegância à cidade.

1

1. Catedral de São Paulo, Londres, Inglaterra
Sir Christopher Wren, 1675–1710
A catedral atual foi construída após a destruição da anterior pelo Grande Incêndio de Londres. A cúpula da catedral se destaca na silhueta de Londres, e é uma característica e referência visual importantíssima para a cidade.

No entanto, ao longo do século XVIII, a ascensão da filosofia empírica na Inglaterra acarretou o florescimento de uma arquitetura que nada tinha de racional. A noção de que a verdade seria encontrada nos sentidos (e não no intelecto) levou ao primeiro projeto de paisagismo de espaços dedicados à excitação sensorial. Lancelot Brown, mais conhecido como **"Capability" Brown**, desenhou jardins baseados em antagonismos, na variedade e nos contrastes, e os jardins de Henry Hoare, em Stourhead, constituem-se nos exemplos mais notáveis desse conceito.

2. Jardins de Stourhead, Wiltshire, Inglaterra
Henry Hoare II, 1741–1765
O projeto dos Jardins de Stourhead representa um contraste marcante com o estilo formal e geométrico francês, que favorecia o uso de eixos nas vistas e nos percursos. A abordagem de Hoare celebrava a natureza, e os Jardins de Stourhead são uma paisagem artificial totalmente planejada que tira partido de caminhos tortuosos para oferecer vislumbres de locais importantes, como grutas artificiais e edificações extravagantes.

Lancelot "Capability" Brown, 1716–1783
Lancelot "Capability" Brown foi um influente arquiteto paisagista britânico que trabalhou em muitas mansões rurais importantes do século XVIII, buscando complementar a arquitetura das edificações com suas propostas de paisagismo. Brown iniciou sua carreira em Stowe, no condado de Buckinghamshire, e sua obra inclui os jardins do Palácio de Blenheim, em Oxfordshire. Sua abordagem era criar um ambiente clássico completo que compreendesse toda a paisagem, com gramados, árvores, lagos e templos. O resultado era uma ilusão de paisagem natural, embora ela fosse totalmente planejada, com cada detalhe cuidadosamente analisado e posicionado.

O Modernismo

O início do Iluminismo (ou o Século das Luzes) fora acompanhado pela revolução política, mas o mundo moderno partiu de outro tipo de revolução – a industrial. A criação da máquina a vapor, no final do século XVIII, transformou uma população predominantemente rural em urbana, fazendo com que as cidades crescessem e se transformassem rapidamente em industriais.

O FERRO E O AÇO

Os novos materiais da Revolução Industrial, como o ferro batido e o aço, passaram a ser aplicados rapidamente em construções. Esse desenvolvimento marca uma mudança de paradigma de construções pesadas com elementos portantes feitos de maneira artesanal para elementos de construção pré-fabricados e leves. O mundo celebrou os novos materiais de produção em massa mediante uma série de exposições comerciais. As mais notáveis, em termos arquitetônicos, foram as realizadas em Londres, em 1851, e em Paris, em 1855. Em Londres, a exposição foi realizada dentro da enorme estrutura do Palácio de Cristal, construído especialmente para esse fim.

Projetado por **Sir Joseph Paxton**, o Palácio de Cristal usou componentes padronizados em treliças pré-fabricadas de ferro fundido, fechadas com painéis de vidro de modo a formar uma estufa de proporções gigantescas. O Palácio de Cristal idealizado por Paxton explorou os novos materiais até o limite, aproveitando formas tradicionais e reinterpretando-as estruturalmente.

Em Paris, as propriedades do ferro fundido mostraram como utilizar a construção leve para obter alturas até então sem precedentes. A Torre Eiffel se elevou aproximadamente 312 metros na linha do horizonte de Paris; sua estrutura em esqueleto foi a precursora dos edifícios altos e arranha-céus que se seguiriam.

No entanto, a oportunidade de mostrar o que realmente podia ser feito ficou a cargo dos Estados Unidos. Em 1871, um incêndio destruiu grande parte da cidade de Chicago. Perante uma cidade devastada, os arquitetos usaram os mesmos princípios estruturais, da estrutura independente, como base para a construção; dessa vez, porém, o fizeram com aço, um material muito mais resistente e proporcionalmente mais leve que o ferro. Ele foi usado para a construção do primeiro arranha-céu do mundo.

Louis Sullivan, a quem se atribui a frase "a forma segue a função", foi possivelmente o primeiro grande arquiteto da modernidade. Seu edifício para a empresa Carson, Pirie, Scott and Company (em Chicago) era uma edificação com estrutura independente simples, permitindo uma expressão clara sem o uso da decoração. Tratou-se de uma ruptura radical com a ornamentação clássica que, até então, caracterizara muitas edificações cívicas.

Sir Joseph Paxton, 1803–1865

Paxton foi um arquiteto e jardineiro apaixonado, de origem inglesa. Sua obra na Casa Chatsworth, no condado de Derbyshire, foi uma primeira experiência com estruturas de metal e vidro que lhe permitiu cultivar e proteger plantas exóticas e delicadas. A partir dessa ideia, Paxton desenvolveu o projeto para o Palácio de Cristal da Grande Exibição de Londres de 1851.

O projeto foi a obra mais inovadora da época no uso do vidro e do aço, e tinha um tamanho sem precedentes. O Palácio de Cristal foi concebido para ser uma estrutura temporária, mas, após o término da exibição, foi transferido para Sydenham, no sul de Londres.

1. A ponte de ferro de Coalbrookdale, Inglaterra
Abraham Darby III, 1777–1779

A primeira ponte de ferro fundido do mundo foi construída sobre o Rio Severn, em Coalbrookdale, na Inglaterra, por Abraham Darby III, e hoje é reconhecida como um dos maiores símbolos da Revolução Industrial. A ponte teve um impacto enorme na sociedade e na economia local, no projeto de pontes e no uso de ferro fundido em edificações. A ponte transforma a ideia prévia de uma estrutura de pedra pesada em um arcabouço leve, elegante e quase transparente, e representa a nova tecnologia e o potencial da engenharia do século XVIII.

1

1

2

O VIDRO E O CONCRETO

Além do ferro e do aço, outros dois materiais vieram a caracterizar o movimento modernista: o vidro laminado e o concreto armado. Ludwig Mies van der Rohe viu as possibilidades dos novos métodos de produção do vidro flutuante, capazes de criar um material que oferecesse transparência e honestidade estrutural, promovendo o espírito de amplidão que marcaria a nova era utópica do século XX. Ao projetar o Pavilhão de Barcelona, um edifício de exposições construído na Catalunha, em 1929, Mies van der Rohe reduziu a estrutura a uma série de pilares que sustentavam uma laje de cobertura, com paredes internas não portantes feitas de vidro, e finas lâminas de mármore dividindo os espaços entre elas.

Concebendo a arquitetura como uma continuidade espacial do interior para o exterior, Mies van der Rohe também rompeu com o paradigma histórico do interior como uma série de espaços cercados por paredes portantes maciças, perfuradas por portas e janelas. Em vez disso, ele criou plantas livres onde os espaços fluíam continuamente por toda a edificação, sem depender do volume e da solidez da estrutura. Assim era a "nova" arquitetura: aberta, leve e elegante.

Ludwig Mies van der Rohe, 1886–1969
Nascido na Alemanha, Mies van der Rohe fez parte do grupo que fundou a Escola Bauhaus (veja a página 144). Ele foi arquiteto, professor, desenhista de móveis e planejador urbano, questionando todos os aspectos do projeto. Mies van der Rohe também questionou os conceitos de paredes, pisos e tetos, reinventando a linguagem da arquitetura de modo a incorporar planos e pontos.

As edificações mais significativas criadas por Mies van der Rohe incluem o Pavilhão de Barcelona e o Edifício Seagram, em Nova York. Ambas as edificações estão entre as duas obras de arquitetura mais importantes do século XX em termos de utilização de material e forma subsequente.

1. Museu Hedmark, Hamar, Noruega
Sverre Fehn, 1967–1979
O percurso através do prédio é feito por um caminho de concreto que cruza uma parede de vidro com porta, criando uma barreira invisível entre o interior e o exterior.

2. A piscina dos pinguins do Zoológico de Londres, Inglaterra
Lubetkin Drake e Tecton, 1934
Este projeto para uma piscina usa uma rampa de concreto armado que cria um elemento escultórico impressionante para a conexão de dois níveis. A piscina explora o potencial do concreto, demonstrando sua resistência estrutural e dinâmica marcante.

3. O Pavilhão de Barcelona (exterior), construído para a Exposição Internacional de Barcelona de 1929
Ludwig Mies van der Rohe, 1928–1929
A estrutura do pavilhão consistia em oito pilares de aço que sustentavam uma laje plana de cobertura, com peles de vidro e algumas paredes internas. A impressão geral é de uma série de planos perpendiculares nas três dimensões, formando um espaço austero e luxuoso. O pavilhão foi demolido ao término da exibição, mas uma cópia foi posteriormente construída no mesmo local.

3

1. O Modulor
© FLC / DACS, 2011, ProLitteris, Zurich
Le Corbusier, 1945
Le Corbusier utilizou a proporção áurea (veja a página 123) de maneira explícita neste sistema modular pensado para a escala de proporções da arquitetura. Ele via tal sistema como uma continuação da longa tradição de Vitrúvio, do *Homem Vitruviano* de Leonardo da Vinci e da obra de Leon Battista Alberti, entre outros, que usaram as proporções do corpo humano para aprimorar a aparência e a funcionalidade da arquitetura. Além da proporção áurea, Le Corbusier baseou seu sistema nas medidas humanas, na série de Fibonacci (veja a página 123) e na unidade dupla. Ele levou a sugestão de proporções áureas nas medidas humanas, feita por da Vinci, ao extremo, seccionando o corpo do modelo humano na altura do umbigo com as duas partes em proporções áureas e, em seguida, subdividindo tais partes em proporções áureas mais ou menos na altura dos joelhos e dos mamilos; essas proporções áureas foram usadas no seu sistema modular.

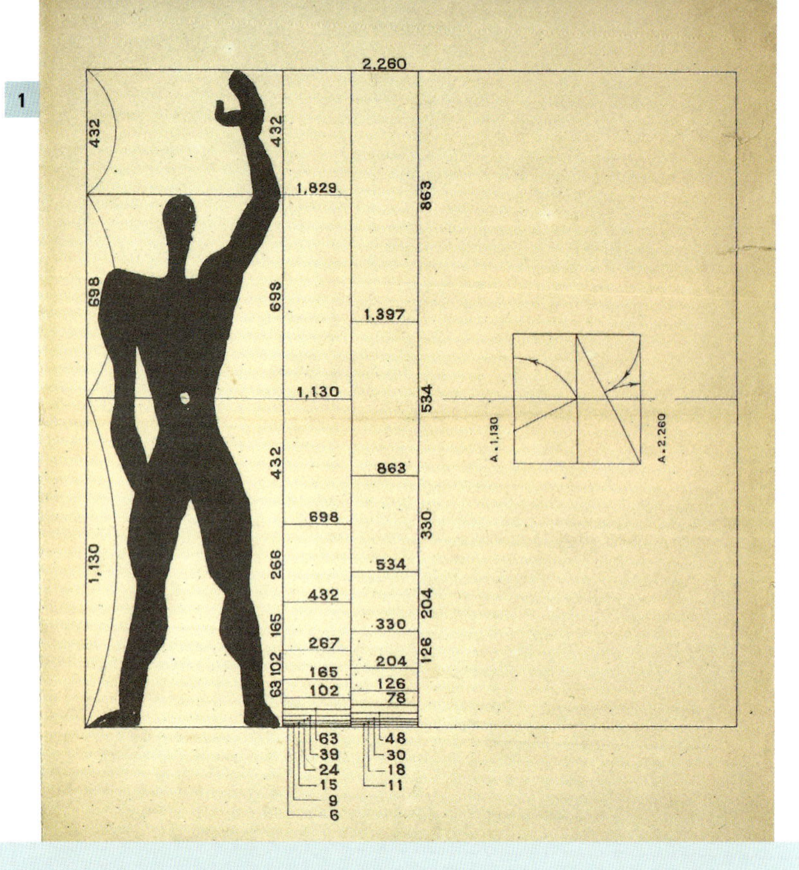

O PURISMO

Durante o período modernista, o arquiteto suíço Le Corbusier (cujo nome de batismo era Charles-Edouard Jeanneret) estabeleceu princípios de arquitetura que respondiam às ideias e ao dogma renascentistas. Tais princípios não se dedicavam tanto a determinar formas; eles buscavam estabelecer diretrizes para as respostas na arquitetura.

No caso de Le Corbusier, outro desenvolvimento importante foi seu sistema modular, que, inspirado na tradição inaugurada por Leonardo da Vinci e Leon Battista Alberti, entre outros, sugeria que a arquitetura deveria ser organizada em torno das proporções do corpo humano. O conceito do *modulor* criou um sistema de medição que usava dimensões antropométricas (do corpo humano) com o intuito de determinar a forma e o espaço; esse sistema influenciava e embasava o projetos de móveis, edificações e espaços feitos por Le Corbusier.

As características da arquitetura modernista

1. Pilotis: são as colunas que elevam o volume da edificação em relação ao solo.
2. Planta livre: é obtida com a separação dos pilares portantes em relação às paredes que subdividem o espaço.
3. Fachada livre: consequência, no plano vertical, da planta livre.
4. Janela em fita: uma janela longa e horizontal.
5. Terraço-jardim: resgata a área de solo ocupada pela edificação.

2. A Casa Schröder, Utrecht, Países Baixos
Gerrit Rietveld, 1924–1925
A Casa Schröder é um quebra-cabeça tridimensional: ela aproveita e conecta os espaços tanto vertical como horizontalmente, e usa as cores para indicar os planos verticais e horizontais. As paredes internas são deslocadas de modo a revelar espaços abertos maiores. Tudo pode ser reinventado no interior da casa, uma vez que todos os processos de uma moradia foram observados e trabalhados. É preciso descobrir o banheiro, que está escondido dentro de um armário. Os atos de dormir, sentar-se e relaxar se relacionam em um único espaço. Trata-se de um experimento em termos de espaço, forma e função.

2

O MOVIMENTO DE STIJL

No século XX, o movimento artístico holandês De Stijl (o estilo) começou a relacionar as ideias de artistas como **Theo van Doesburg** à noção de espaço físico. No periódico *De Stijl*, van Doesburg explorou a noção de espaço no que diz respeito às superfícies e cores. Da mesma forma, Gerrit Rietveld desenvolveu noções de espaço, forma e cor no projeto de móveis e edificações.

Os seguidores do movimento buscavam expressar um novo ideal utópico de harmonia e ordem espiritual. Eles defendiam a abstração e a universalidade puras com a redução ao essencial em termos de forma e cor. As composições visuais eram simplificadas nas direções vertical e horizontal; eram usadas apenas cores primárias, além de preto e branco.

Theo van Doesburg, 1883–1931
Theo van Doesburg foi um dos fundadores do movimento De Stijl (o estilo), que se preocupava principalmente com os conceitos de arte e arquitetura. Interessado nas abstrações de cores e formas, o movimento empregava um código visual que conectava cores e planos. As cores primárias, em conjunto com o preto e o branco, eram usadas para explorar o espaço e as formas tanto na arte como na arquitetura.

A reconstrução de um museu

Projeto: Neues Museum, Ilha dos Museus, Berlim

Arquiteto: David Chipperfield Architects

Cliente: Stiftung Preussischer Kulturbesitz, representado pelo Bundesamt für Bauwesen und Raumordnung

Localização/data: Ilha dos Museus, Berlim, Alemanha / 1997–2009

Este capítulo aborda a ideia de história e precedentes e como isso afeta uma ideia ou um projeto de arquitetura. Este projeto elaborado pela David Chipperfield Architets para o Neues Museum (Novo Museu) faz parte de um conjunto de museus conhecido como Ilha dos Museus. Todos os prédios do conjunto foram construídos entre 1840 e 1859, e a área permaneceu semiabandonada após ser danificada durante a Segunda Guerra Mundial.

Uma resposta contemporânea em uma área com tais características exige uma cuidadosa leitura e interpretação do local, a fim de garantir que a proposta não comprometa sua integridade e identidade histórica.

O programa de necessidades do projeto previa a reconstrução do volume original do terreno, reestabelecendo a sequência original de cômodos e espaços. Contudo, também era importante que as novas intervenções ficassem claramente legíveis em relação aos elementos preexistentes, sem qualquer tentativa de mimetizar os novos elementos como se fossem parte do prédio original.

1

2

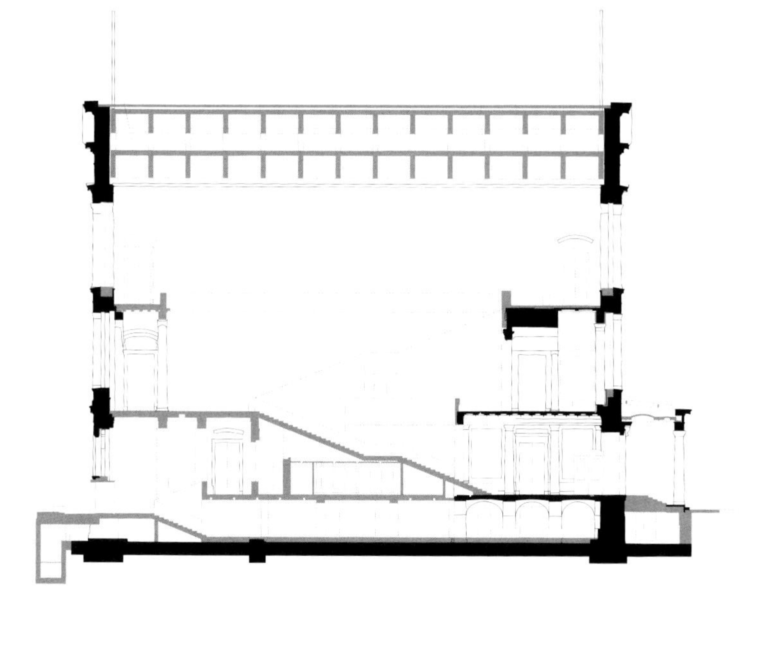

3

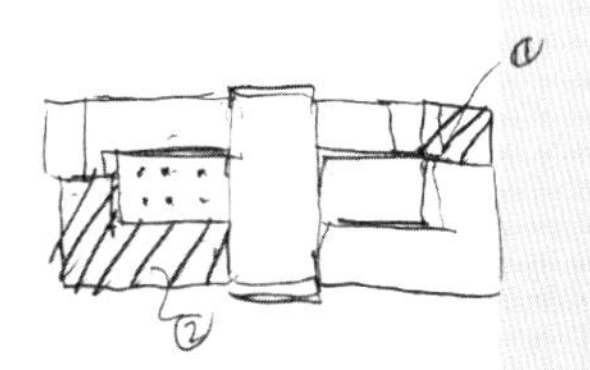

4

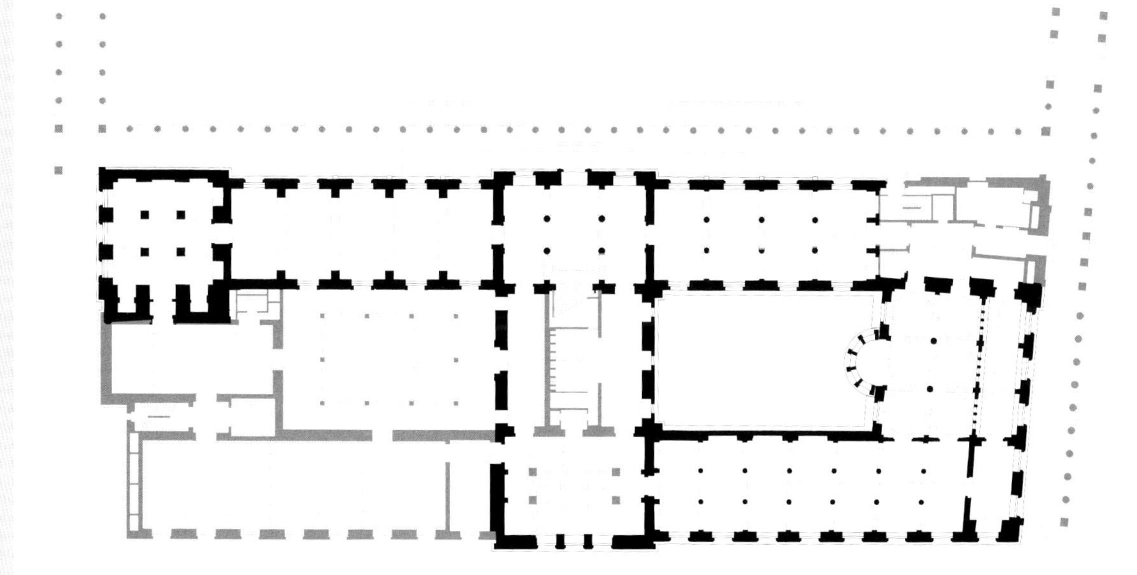

1. Elevação oeste do Neues Museum.
2. Corte através do saguão da escadaria.
3. Croquis do conceito de arquitetura, feitos por David Chipperfield.
4. Planta baixa do pavimento térreo.
A planta baixa do pavimento térreo mostra a entrada principal e os pátios internos. Os negritos indicam a edificação existente; as paredes em cinza, a ampliação recente.

1

Antes do início do projeto, foi necessária uma investigação arqueológica para o registro de importantes aspectos e características do prédio original. Os novos espaços para as salas de exibição foram construídos com grandes elementos de concreto pré-fabricados, feitos com cimento branco e agregado de lascas de mármore. A nova escadaria se inspira na original, mas sem imitá-la; ela faz parte da linguagem da nova arquitetura, a inserção contemporânea.

Dentro da edificação, há áreas que foram reservadas e fazem parte da interpretação do espaço, estabelecendo um ponto de contato entre o antigo e o novo, inclusive com seções de parede sem revestimento e colunatas que unificam toda a construção.

O programa de necessidades previa que a restauração preservasse o caráter físico do prédio original, que foi em grande parte construído de pedra. A restauração ainda deixa evidentes resquícios da história da edificação, e os traços dos danos sofridos durante a guerra, inclusive os orifícios de projéteis, ainda fazem parte de sua história visual.

O prédio foi inaugurado em 2009 e exibe coleções do Museu Egípcio e do Museu da Pré-História e História Antiga.

1. e 2. Saguão da escada.
A nova escada (construída com grandes elementos de concreto pré-fabricados com agregado de mármore) repete a escada preexistente sem repeti-la e foi inserida em um saguão majestoso, que foi preservado apenas como uma caixa de tijolo, desprovida de sua ornamentação original.

2

Capítulo 2

Exercício: Horizontes urbanos

A história de uma cidade pode ser vista em muitos níveis; ela é revelada por uma vista panorâmica. Ela compreende edificações de muitos períodos e historicamente pode representar vários séculos de desenvolvimento. Uma silhueta urbana sugere as mudanças nas estruturas, funções e lugares de uma cidade, as quais são expressas por meio das mudanças nos materiais e nas formas empregados.

Para tentar entender essa silhueta, que faz parte da identidade de uma cidade, a análise da cidade e de seus prédios pode ser um meio útil para entender o desenvolvimento panorâmico de um lugar.

Para fazer este exercício:

1. Obtenha a imagem de um horizonte urbano. Ela pode ser uma fotografia tirada de um ponto de observação elevado ou ser composta de uma série de imagens coladas por meio de um programa, como o Adobe Photoshop.

2. Para entender a forma das edificações isoladamente, identifique os prédios historicamente importantes que aparecem na imagem.

3. Destaque e identifique essas edificações. Descubra o máximo possível sobre tais prédios pesquisando na Internet e nas bibliotecas.

4. Uma vez que a paisagem urbana foi descrita como se fosse um "horizonte", pode ser interessante investigar os prédios individualmente, bem como pesquisar mapas históricos, a fim de entender como a cidade vem se desenvolvendo ao longo do tempo.

Tente escolher uma mistura de prédios novos e antigos e marcá-los empregando um código de cores com base na idade de cada um. Isso lhe ajudará a identificar a morfologia histórica da cidade que você escolheu.

1. O horizonte de Barcelona
Esta fotografia de Barcelona mostra uma vista panorâmica da cidade, e os croquis que foram sobrepostos a ela ressaltam a importância dos elementos da linha do horizonte.

exercício

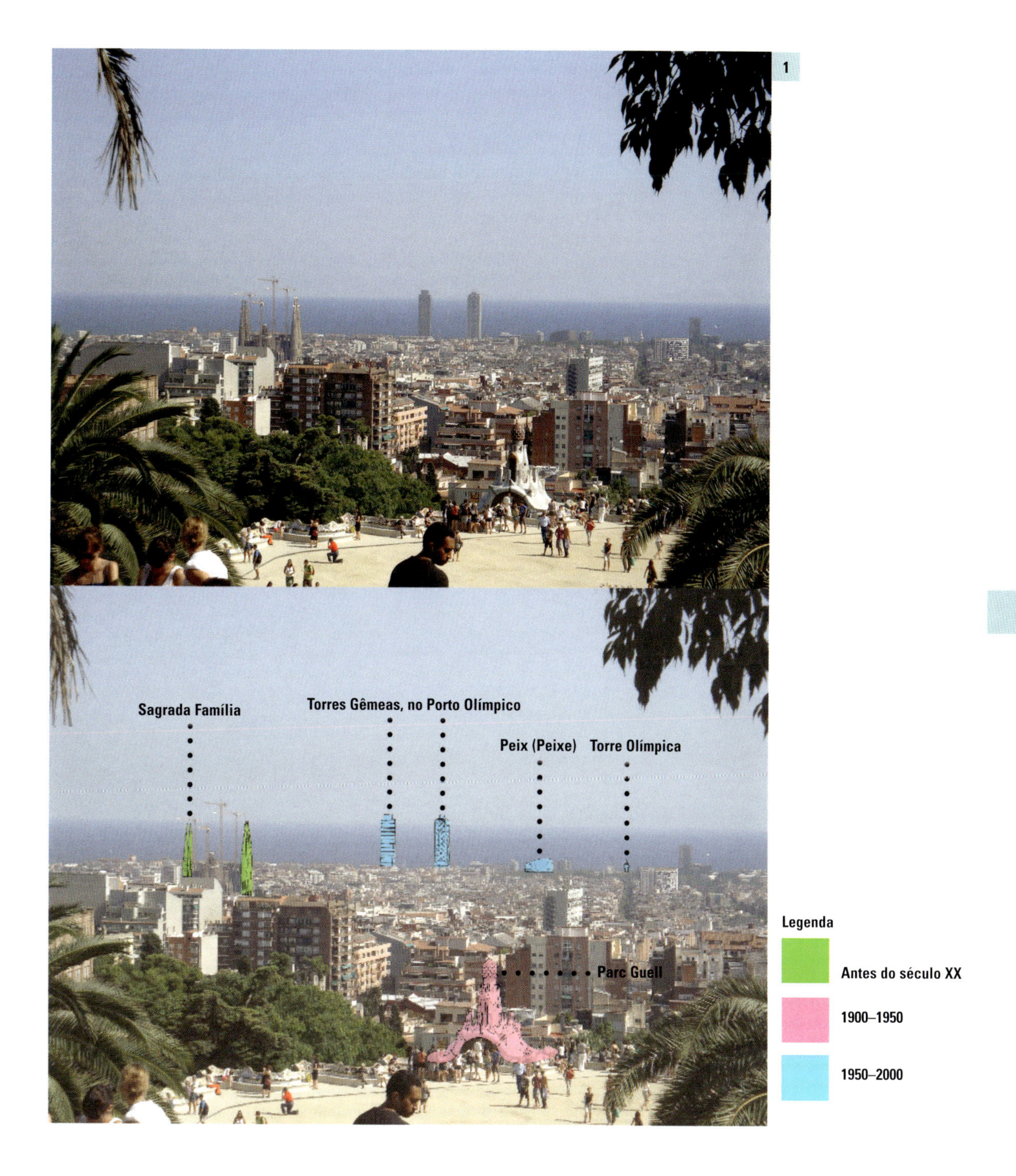
1
Sagrada Família
Torres Gêmeas, no Porto Olímpico
Peix (Peixe)
Torre Olímpica
Parc Guell
Legenda
Antes do século XX
1900–1950
1950–2000

Capítulo 3
A Construção

A construção é a concretização da arquitetura, sua dimensão física e sua materialidade. Uma edificação pode ser analisada no nível macro, como uma estrutura com cobertura, paredes e pisos, mas também deve ser considerada como uma série de detalhes que explicitam como os componentes se encaixam e se complementam. Por exemplo, uma edificação deve contar com sistemas e instalações de ventilação, refrigeração, calefação e iluminação e ter ambientes internos confortáveis. Em última análise, um prédio é como uma máquina: uma série de partes e sistemas interdependentes que trabalham em conjunto para que o todo seja eficaz e habitável.

1. Casa Milà (A Pedreira), Barcelona, Espanha
Antoni Gaudí, 1912
O projeto de Gaudí para a Casa Milà levou em consideração o calor escaldante dos verões de Barcelona. Ele incluiu torres de ventilação para a coleta do ar fresco da cobertura até as áreas de estar do prédio. Gaudí integrou técnicas de construção inovadoras a uma empatia pelos materiais disponíveis na região, dando uma solução prática e escultórica a um problema simples.

1

Os materiais de construção

As técnicas e os sistemas de construção são múltiplos e variados, mas cada um depende dos materiais utilizados.

Esta seção visa a introduzir os materiais mais comumente usados na construção, demonstrando como utilizar cada um de modo a conferir texturas, formas e definições espaciais a uma edificação.

A ALVENARIA

A alvenaria é caracterizada por construções feitas com materiais do solo, como pedras e tijolos. Tradicionalmente, os materiais são assentados em camadas: os elementos mais pesados são colocados nas fiadas inferiores, ao passo que as camadas mais leves aparecem à medida que avançamos verticalmente das fundações para a cobertura. Algumas construções de alvenaria são modulares e precisam se comportar de maneiras específicas. Quando são criadas aberturas em paredes de tijolo, por exemplo, é necessário sustentar o pano de alvenaria acima. Em geral, aduelas (tijolos ou pedras em forma de cunha) são usadas para criar arcos em paredes de alvenaria, oferecendo o apoio necessário. Entender as propriedades da alvenaria é importante para compreender como a arquitetura a utiliza. Os tijolos precisam ser sobrepostos alternados, por exemplo, já que, se as juntas verticais não forem desencontradas, a parede ficará instável e ruirá.

Os efeitos de uma parede de tijolo variam de acordo com os padrões de fiadas (chamados de "aparelhos") e as cores de tijolos disponíveis. Em termos práticos, as paredes de tijolo precisam de apoios adicionais quando ultrapassam determinada altura ou deixarão de ser estáveis; além disso, a estabilidade exige apoio substancial nas fundações. Tais preocupações determinam o projeto de arquitetura e sua estética.

1. Fachada de pedra
Esta fachada foi construída com pedras e inclui elementos clássicos colossais e detalhes esculpidos mais intrincados.

2. A Casa de Tijolo, Londres, Inglaterra
Caruso Saint John, 2005
Os pisos e as paredes desta casa são construídos de tijolo, tanto por dentro como por fora. O uso de um único material confere unidade à edificação. A distribuição dos tijolos assentados com argamassa varia à medida que as superfícies se esticam, dobram e torcem, conferindo a elas uma aparência elástica e dinâmica.

1

O CONCRETO

O concreto é feito de agregados, brita, cimento, areia e água. As quantidades variáveis dos materiais conferem ao concreto sua resistência específica.

O concreto se torna rústico quando utilizado em estruturas pesadas e grandes, embora seja possível conferir a ele certa delicadeza, conforme mostra o arquiteto japonês **Tadao Ando**. Em suas obras, são usados painéis de madeira nas fôrmas que sustentam o concreto durante a cura, para conferir textura à edificação acabada. Lembranças da grã da madeira e dos parafusos de fixação das fôrmas de concreto permanecem no acabamento das paredes, dando a elas profundidade e textura.

Às vezes o concreto é armado com uma trama de barras de aço, o que aumenta sua resistência e estabilidade. O concreto armado consegue vencer grandes vãos e é empregado em muitos projetos de engenharia, como na construção de estradas e pontes. O concreto armado também permite uma flexibilidade enorme em estruturas de grande escala.

O pioneiro no uso do concreto armado foi o arquiteto francês Auguste Perret. No início do século XX, Perret trabalhou com Le Corbusier e Peter Behrens, o representante alemão do "desenho industrial". Behrens admirava a lógica do engenheiro no que se refere à produção em massa, ao desenho racional e à priorização da função sobre o estilo. Le Corbusier reuniu as influências materiais e estilísticas de Perret e Behrens no projeto da "Casa Dom-ino", de 1915 (veja as páginas 72–73). Embora tenha sido feita de concreto armado e pensada para a produção em massa, essa edificação também era flexível: nenhuma das paredes era portante, para que o interior pudesse ser organizado conforme os desejos do usuário. As ideias radicais de Le Corbusier foram expressas no livro *Vers Une Architecture* (*Por Uma Arquitetura*), publicado em 1923. "Uma casa", declarou Le Corbusier em suas páginas, "é uma máquina de morar".

Tadao Ando, 1941–

Tadao Ando sofreu grande influência do senso japonês de materialidade na construção. A luz e o espaço são importantes aspectos de sua obra. O arquiteto é famoso especialmente pela maneira como tira partido do concreto e de geometrias simples em plantas baixas, cortes e elevações.

Tadao Ando gosta de usar painéis de madeira como fôrmas para o concreto moldado *in loco* (concreto feito no próprio canteiro de obras, não usinado). Quando as fôrmas são removidas, os veios da madeira e os parafusos que conectavam os painéis ficam marcados no concreto. Essas texturas são um aspecto típico de sua obra.

1. Igreja de São José, Le Havre, Normandia, França
Auguste Perret, 1957

Auguste Perret foi um dos pioneiros do concreto armado e o empregou de modo belíssimo nesta torre com lanterna, com 110 metros de altura. A torre contém 6.500 peças de vidro corado, que iluminam o concreto e mudam de cor conforme a posição do Sol. Ela foi projetada por Auguste Perret, mas sua construção foi completada após sua morte pelos arquitetos de seu ateliê.

2. Casa Kidosaki, Tóquio, Japão
Tadao Ando, 1982–1986

Esta casa é um bom exemplo da técnica de construção típica de Tadao Ando: usar concreto e tirar partido estético das marcas produzidas pelas fôrmas de madeira. Os furos nas paredes indicam a posição dos parafusos usados para segurar as fôrmas durante a cura do concreto.

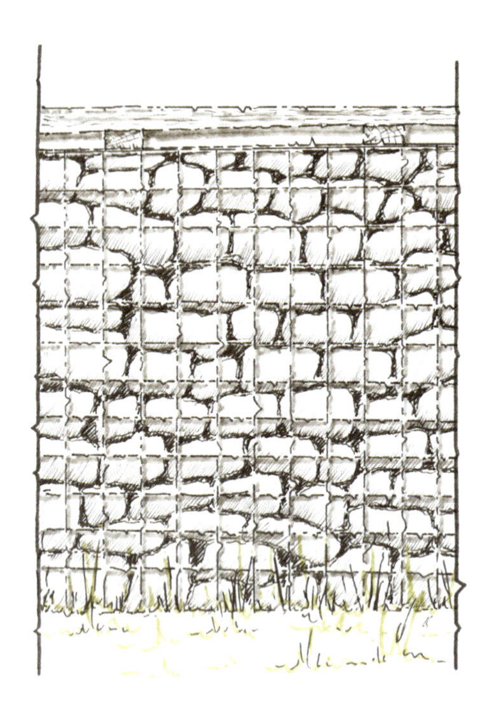

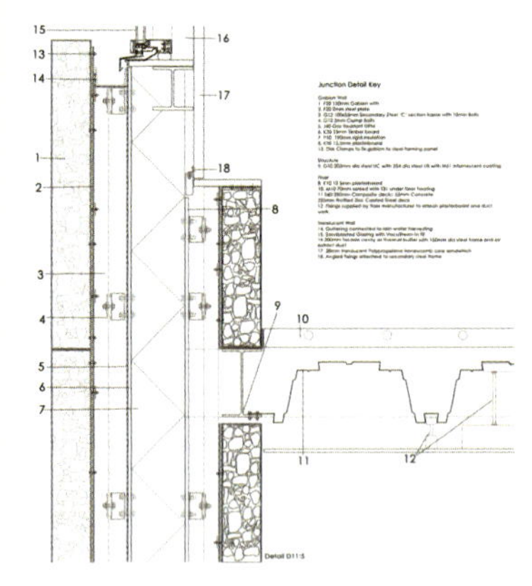

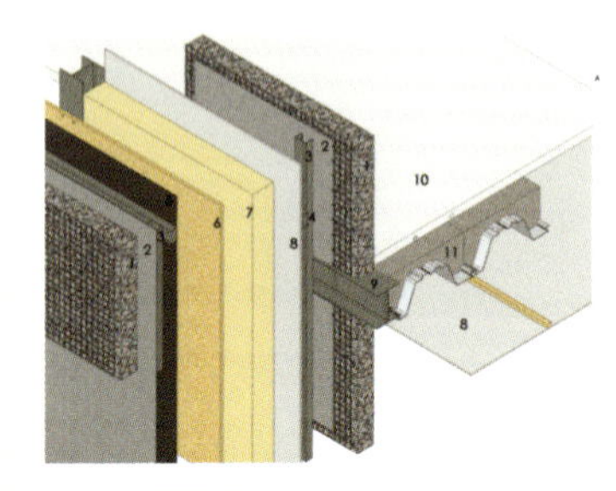

OS GABIÕES E OS MUROS DE ALVENARIA DE PEDRA SECA

Os gabiões são muros de arrimo usados para sustentar taludes ou na terraplenagem da construção de estradas ou defesas marítimas. Simplificando, são gaiolas de aço cheias de grandes pedras de tamanho controlado. É muito fácil construí-los em terrenos acidentados, produzindo muros naturais e de execução rápida. Os gabiões também têm sido bastante usados na construção de paredes externas de casas, conferindo uma aparência peculiar às edificações.

Os muros de alvenaria de pedra seca são construídos com os materiais disponíveis. Empregados tradicionalmente para demarcar limites, eles são os precursores dos gabiões. É necessária pouca habilidade para a construção de muros de alvenaria de pedra seca e, visto que os materiais utilizados estão disponíveis no local, não é preciso se preocupar com métodos de transporte. A manutenção exigida por esses muros é bastante simples.

1. e 2. Muro de gabião
Este croqui de um muro de gabião sugere a textura da pedra natural, que contrasta com a textura da gaiola de sustentação, de tela de arame. O detalhe ilustra como o muro é construído.

3. The Gridshell, Museu Weald and Downland, West Sussex, Inglaterra
Edward Cullinan Architects, 1996–2002
Este é um exemplo de casca discretizada de madeira. A estrutura principal é feita de ripas de madeira de carvalho formando uma grelha que foi gradualmente rebaixada e vergada. Depois, a estrutura foi coberta por telhas de madeira.

4. Casa japonesa tradicional com estrutura de madeira
Esta casa japonesa tradicional usa madeira em sua estrutura. A estrutura de madeira eleva a edificação em relação ao solo. O telhado apresenta grandes beirais sobre a casa, protegendo-a do Sol e da chuva. Neste exemplo, os materiais escolhidos pelo arquiteto respondem diretamente às condições locais do terreno.

3

A MADEIRA

A madeira pode ser empregada tanto na estrutura das edificações como nos acabamentos internos. Alguns tipos de edificação usam madeira na estrutura, nos acabamentos de piso e nos acabamentos interno e externo das paredes. As edificações feitas de madeira costumavam fazer parte das tradições locais. As cabanas de toras de madeira eram construídas com as árvores da floresta que as envolvia, o que exigia pouco transporte e facilitava a montagem *in loco*.

Os operários que trabalham com madeira são chamados de carpinteiros, quando lidam com peças estruturais grandes, ou de marceneiros, quando fabricam os elementos acabados usados nos interiores, como escadas ou portas. Os elementos de móveis mais detalhados são feitos por marceneiros especialistas.

As edificações com estrutura de madeira costumam ter tamanho limitado; essa limitação ocorre devido às dimensões dos materiais disponíveis. A madeira é cortada em tamanhos padronizados que são combinados com outros componentes pré-fabricados da indústria da construção (como portas e janelas), facilitando o transporte e o manuseio no canteiro de obras.

A madeira está disponível em diferentes formatos, podendo ser rústica e texturizada ou aplainada e acabada; a escolha depende de onde e como ela será utilizada. A madeira é um material bastante flexível e natural, leve e de fácil adaptação no canteiro de obras. Além disso, sua cor e textura naturais oferecem uma grande variedade de acabamentos. Ao usar a madeira, é importante que o arquiteto se certifique de que ela vem de uma fonte sustentável e foi extraída de maneira responsável.

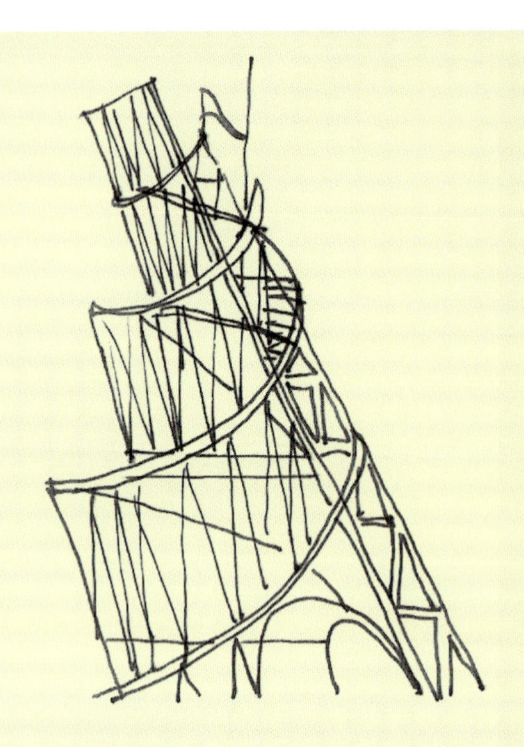

Vladimir Tatlin, 1885–1953

Tatlin se tornou uma das figuras mais importantes da vanguarda artística russa que marcou a década de 1920. Ele se tornou célebre como o arquiteto que projetou o enorme Monumento à Terceira Internacional, também conhecido como Torre de Tatlin. Concebido em 1920, o monumento seria uma torre altíssima de ferro, vidro e aço, bem mais elevada do que a Torre Eiffel, em Paris (um terço mais alta, com 396 metros de altura). Dentro da estrutura de ferro e aço com espirais idênticas, o projeto previa três prédios com janelas de vidro, que girariam em velocidades diferentes (o primeiro, um cubo, uma vez por ano; o segundo, uma pirâmide, uma vez por mês; o terceiro, um cilindro, uma vez por dia).

A ideia era construir a torre em Petrogrado (atual São Petersburgo) após a Revolução Bolchevique de 1917, mas a escassez de materiais e as dúvidas quanto à viabilidade de sua estrutura fizeram com que a obra jamais fosse executada. Contudo, uma maquete na escala de 1:42 foi construída na Academia Real de Londres em novembro de 2011.

O FERRO E O AÇO

O ferro e o aço (uma liga de ferro misturada com carbono e outros elementos) podem ser utilizados para construir as estruturas leves que sustentam as edificações ou em seu revestimento, criando um acabamento metálico ao mesmo tempo peculiar e duradouro.

As edificações com estrutura de aço se tornaram populares durante o período de industrialização que marcou o século XIX, quando construções como o Palácio de Cristal, em Londres, e a Torre Eiffel, em Paris, desafiaram a escala das possibilidades estruturais. Também surgiram conceitos futuristas, como a torre de **Vladimir Tatlin**, uma estrutura ambiciosa que acomodaria edifícios públicos se movendo dentro de estruturas de metal.

Os conceitos e as construções do século XIX inspiraram muitas edificações com estrutura de aço construídas nos Estados Unidos e na Ásia, que alcançaram alturas até então inimagináveis. Os exemplos mais importantes incluem o Edifício Chrysler, em Nova York, e a edificação mais alta do século XX – as Torres Petronas, em Kuala Lumpur, que têm 452 metros de altura.

O aço libertou as formas arquitetônicas e abriu as possibilidades para obras na escala de arranha-céus. Este é o material mais flexível, durável e forte de todos. As estruturas de aço podem ser pré-fabricadas e os elementos individuais podem ser parafusados. Esse material leva a ciência da engenharia civil aos seus limites e permite a criação de estruturas impressionantes, capazes de resistir às forças da natureza.

1

1. A Torre Eiffel, Paris, França
Gustave Eiffel, 1887–1889
Projetada como uma estrutura temporária que celebraria o avanço da engenharia na França, a Torre Eiffel foi feita de ferro usando um número limitado de tipos de peças pré-fabricadas.

2. Cúpula do Reichstag, Berlim, Alemanha
Norman Foster, 1992–1999
O novo Reichstag é uma edificação construída sobre o edifício original do parlamento alemão, de 1894. A cúpula de vidro é sustentada por uma treliça de aço e oferece amplas vistas de Berlim.

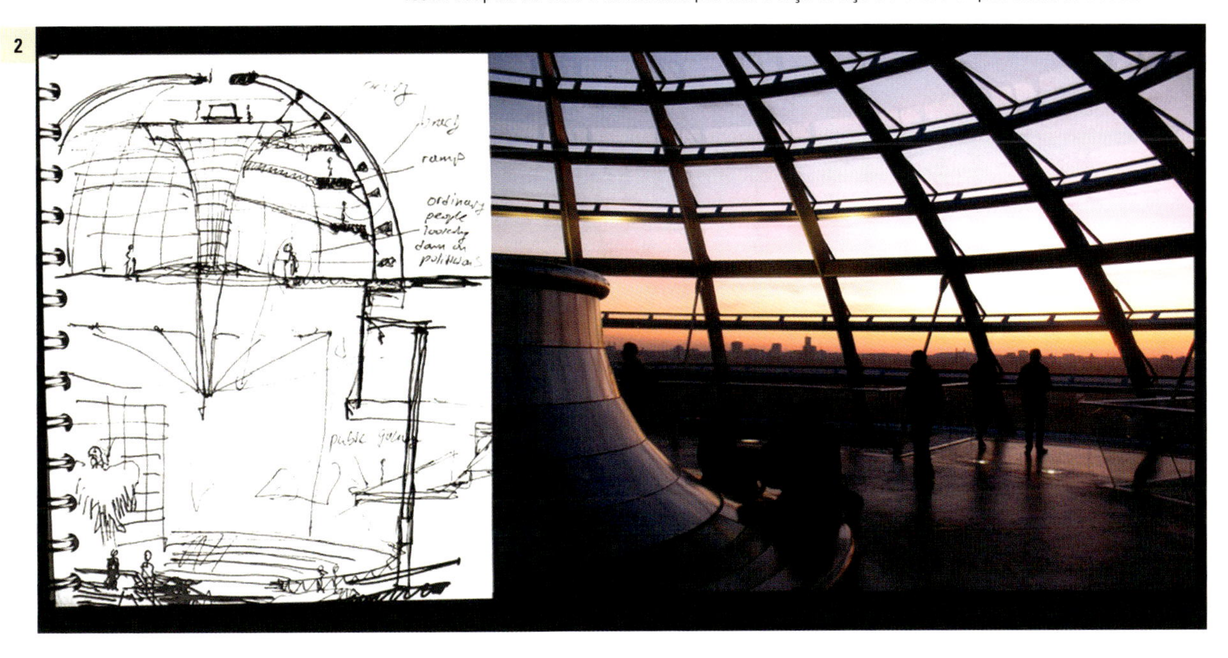

O VIDRO

O vidro é um material extraordinário porque oferece inúmeras possibilidades. Ele às vezes compõe planos invisíveis (pois é transparente), mas também pode ser manipulado para filtrar a luz, criando áreas de luz e sombra dentro da edificação. As inovações tecnológicas nos permitem usar o vidro estruturalmente em determinadas aplicações, desafiando nossas percepções de espaço e superfície.

O vidro tem origens fenícias e egípcias (cerca de 2500 a.C.), quando era usado na fabricação de cerâmica decorativa e joias) e era feito por meio da fusão dos materiais naturais mais simples: areia, soda e calcário. O vidro tem sido utilizado como material de construção desde o século XI, quando surgiram técnicas que permitiram a sua produção em chapas.

O uso do vidro tem transformado a maneira de projetar edificações. Ele permite distinguir o interior e o exterior da edificação, definindo os espaços por meio da luz. Graças a sua evolução tornou-se um produto de alta tecnologia.

Hoje, por exemplo, o vidro pode ser autolimpante, se for revestido de óxido de titânio, que absorve os raios ultravioletas e, por meio de um processo químico, decompõe gradual e continuamente toda a matéria orgânica que se acumula na superfície, que depois é lavada pela chuva. O vidro laminado pode incorporar camadas de vidro corado, que reage às mudanças de temperatura e, consequentemente, altera a ambiência do local. Da mesma forma, o vidro "inteligente" consegue alterar a quantidade de calor e luz que passa por ele usando tecnologias eletrocrômicas e de cristal líquido. O vidro Privalite permite que uma corrente elétrica transforme o material transparente em uma lâmina opaca, realinhando os elétrons dentro da construção da chapa de vidro, enquanto o vidro Pilkington K filtra os diferentes tipos de radiação que o atravessam, evitando o superaquecimento das edificações.

O vidro possui a propriedade única de revelar os espaços internos como se fizessem parte do exterior, da natureza, de um todo maior.

Os elementos da construção

No nível mais básico, quatro elementos principais são encontrados na construção de qualquer edificação: a estrutura, as fundações, a cobertura (ou telhado) e as paredes e aberturas. A determinação desses elementos confere à edificação uma forma definida; só então é possível considerar as decisões de projeto mais detalhadas.

A ESTRUTURA

Nesse contexto, a estrutura refere-se à maneira como a edificação é sustentada, o que geralmente assume uma destas formas: edificações com estrutura maciça, com paredes portantes, ou com estrutura independente (nas quais o arcabouço estrutural independe das paredes e pisos da edificação).

Como o próprio nome sugere, as estruturas de paredes portantes conferem solidez e peso às edificações, definindo seus espaços internos. Elas dão um aspecto permanente e pesado à forma da arquitetura. As paredes portantes usam a alvenaria, que pode consistir em elementos de pedra ou tijolo natural, ou são obtidas utilizando-se concreto, seja pré-moldado (feito em uma fábrica) ou *in loco* (lançado em fôrmas no canteiro de obras).

O uso de estruturas independentes oferece mais flexibilidade em termos do leiaute interno da edificação e distribuição das aberturas (como portas e janelas). A estrutura independente pode ser feita de materiais como madeira, aço ou concreto, e é construída com rapidez e facilita a adaptação a necessidades futuras.

Entre os exemplos clássicos de estruturas independentes, destaca-se o sistema estrutural conceitual Dom-ino, proposto por Le Corbusier. Trata-se de uma estrutura de concreto independente das paredes que conecta os planos ou lajes de piso ao plano de cobertura por meio de uma única escada. Dessa forma, é possível distribuir as paredes internas e externas de modo a responder ao leiaute interno da edificação. Tal estrutura levou ao surgimento da planta "livre".

O conceito de planta livre foi considerado revolucionário, porque propunha que as paredes e aberturas não dependiam da estrutura da edificação. Em vez disso, a estrutura independente dava liberdade tanto ao leiaute interno da planta baixa como à distribuição das portas e janelas. Esse conceito é ilustrado pela Vila Savoye, projetada por Le Corbusier em Poitiers, ao norte de Paris.

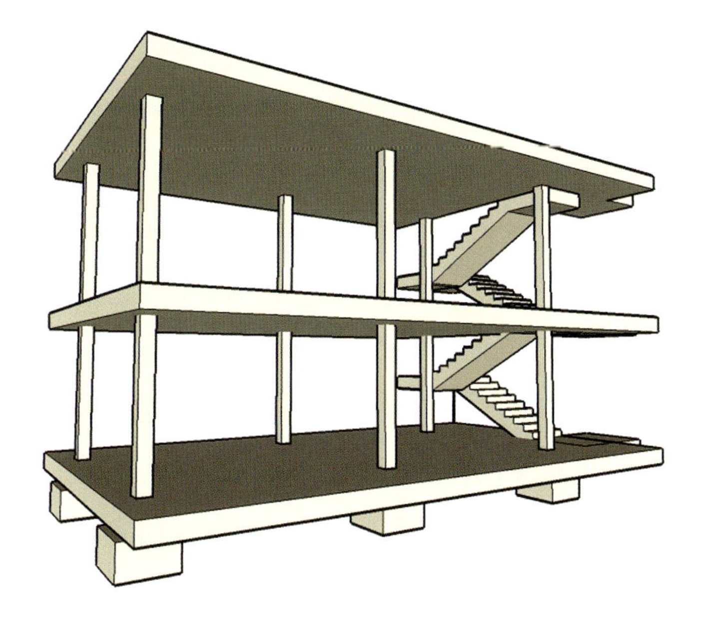

1. Musée du Quai Branly, Paris, França
Jean Nouvel, 2006
Este museu se localiza às margens do Rio Sena, em Paris. O edifício é circundado por uma barreira de vidro que dá proteção acústica ao jardim contra a movimentada avenida, mas mantém a conexão visual com o Rio Sena. Os painéis de vidro reforçam a ideia de que o jardim é um espaço de transição até o museu, mas também configuram uma estrutura independente que ajuda a demarcar o jardim.

2. A estrutura Dom-ino
Le Corbusier
O nome do estudo teórico da estrutura independente feito por Le Corbusier tem origem na palavra latina para casa: *domus*. A estrutura Dom-ino foi concebida como um sistema pré-fabricado de baixo custo que liberaria as paredes internas e externas dos condicionantes estruturais.

1. Diagrama das fundações da pirâmide do Museu do Louvre
Este diagrama mostra que a estrutura de vidro da Pirâmide do Louvre é, na verdade, a ponta da construção que continua no subsolo.

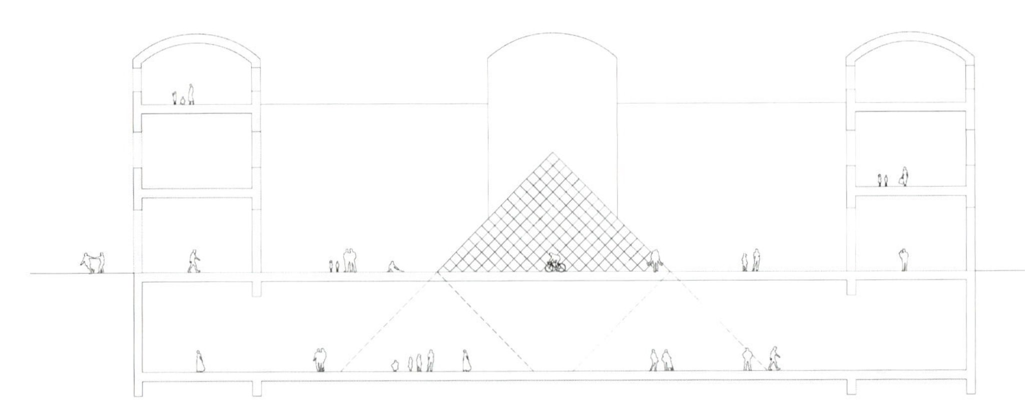

AS FUNDAÇÕES

A estrutura de uma edificação precisa de apoio no ponto onde toca o solo; tal sustentação geralmente ocorre na forma de fundações. As fundações têm a função de sustentar a estrutura independente ou as paredes da edificação, devendo ser resistentes o bastante para responder às condições do solo ao redor da construção, bem como a todos os movimentos previstos. A movimentação do solo é afetada por condições locais, como a geologia do terreno, e, especialmente, a quantidade de água no solo. A presença de estruturas ou árvores grandes nas proximidades também afeta a estabilidade da edificação. Em geral, os engenheiros de estruturas sugerem o tipo de fundação mais adequado para o projeto da edificação e as condições do solo do terreno.

Existem muitas edificações que, em razão da topografia local, de funcionalidades ou condicionantes impostos pelos índices urbanísticos, são construídas de modo parcial ou completamente subterrâneo. Em centros urbanos onde o preço do solo é elevado, essa alternativa se torna viável financeiramente.

Em determinados climas, construções subterrâneas proporcionam uma vantagem adicional em termos de proteção climática. Tais tipos de edificação exigem métodos de construção específicos. Essencialmente, é necessário um muro de arrimo (um muro que segura o solo ou a terra) para definir a estrutura, o qual deve ter isolamento e ser construído de maneira a incluir uma camada de impermeabilização que impeça a passagem de água proveniente do solo do entorno.

2. Pirâmide do Louvre, Paris, França
I.M. Pei, 1989
A Pirâmide do Louvre foi um acréscimo posterior ao museu original. A estrutura acima do solo funciona como um pórtico de entrada para as galerias principais do museu, assim como uma introdução aos seus espaços subterrâneos. A estrutura de vidro ilumina as áreas subterrâneas do museu.

3. Neue Nationalgalerie, Berlim, Alemanha
Ludwig Mies van der Rohe, 1968
A Neue Nationalgalerie (Nova Galeria Nacional) é basicamente um pavilhão com estrutura de aço e paredes de vidro que formam planos de separação entre o interior e o exterior.

AS PAREDES E ABERTURAS

As paredes são elementos de arquitetura que configuram espaços, definindo os limites internos e externos. Elas se dividem em portantes, que sustentam um plano de cobertura ou piso, e não portantes, agindo apenas como divisórias dos espaços.

As paredes-cortina são exemplos de paredes externas não portantes, utilizadas somente para distinguir o espaço interno do externo. Elas são impermeáveis e projetadas de modo a resistir às pressões dinâmicas externas. Originalmente, as paredes-cortina eram feitas de aço; hoje, porém, elas costumam ser produzidas com uma estrutura de metal mais leve fechada com vidro, outros metais ou painéis compostos.

As aberturas feitas nas paredes permitem a passagem de luz para os espaços internos, promovem a ventilação e, além disso, têm a importante função de servir como entrada e saída de edificações ou espaços. As aberturas afetam a ideia de fechamento e separam os climas interno e externo. Por essa razão, é preciso considerá-las com cuidado e em detalhes.

As aberturas de porta costumam ser o aspecto mais marcante de qualquer elevação, uma vez que indicam o ponto de entrada e, com frequência, definem a identidade da edificação. As portas geralmente são acompanhadas por uma soleira ou um pequeno lanço de escada, que ajuda a definir melhor o ponto de entrada. As marquises ou as estruturas de cobertura são capazes de conferir às portas a ideia de proteção.

As janelas tendem a variar em tamanho, de modo a refletir a diversidade de atividades que provavelmente serão realizadas no interior, assim como o tipo de iluminação, vista e privacidade desejados pelos usuários da edificação. As janelas panorâmicas enquadram vistas de paisagens rurais ou urbanas com o intuito de reduzir a sensação de separação entre o interior e o exterior.

1

AS COBERTURAS

A cobertura define a camada mais alta de uma edificação, conferindo proteção e sensação de segurança. Uma cobertura pode ser ampla, funcionando como uma estrutura independente da edificação ou das edificações que ela protege, ou pode corresponder exatamente à projeção das paredes externas, sem ter beirais.

A cobertura de uma edificação geralmente é determinada por sua função, mas o contexto também costuma influenciar em sua configuração. Por exemplo, se houver telhados em vertente no entorno imediato, isso provavelmente estabelecerá um precedente para uma resposta formal específica.

O clima também é um fator determinante. A água da chuva deve ser escoada de modo rápido e eficiente, o que pode levar à necessidade de coberturas inclinadas. Em climas muito quentes, uma cobertura também oferece proteção contra o calor intenso, e beirais amplos podem dar proteção adicional aos pedestres. Já em climas sujeitos à neve, o caimento da cobertura é fundamental para evitar o acúmulo de neve.

1. Proposta para o concurso do Giant's Causeway
David Mathias e Peter Williams, 2005
A cobertura pode ser parte significativa de um conceito de arquitetura. Esta proposta para um concurso de arquitetura de um centro de visitantes na Irlanda do Norte integra a cobertura à paisagem do entorno. A cobertura faz parte de um grande percurso que dá unidade ao projeto.

2. Estação do Metrô no Aeroporto Internacional de Pequim, Terminal 3, China
Esta cobertura de vidro banha o espaço com luz natural, e sua estrutura de sustentação cria um padrão que é refletido no piso. O Terminal 3 foi projetado por um consórcio entre a empresa holandesa NACO (Netherlands Airport Consultants B.V.) e as britânicas Foster and Partners e ARUP. O projeto de iluminação foi feito por Speirs and Major Associates, arquitetos britânicos especialistas em luminotécnica.

2

A pré-fabricação

As construções pré-fabricadas se referem às edificações cujas peças ou componentes foram industrializados especialmente para facilitar a montagem no canteiro de obras. Os componentes pré-fabricados variam de elementos pequenos feitos em fábricas, como cadeiras, até elementos de construção maiores, como lajes de concreto pré-moldadas, podendo chegar a casas inteiras que são montadas e instaladas *in loco*. É possível montar parte dos elementos pré-fabricados ainda na indústria e terminar o serviço no canteiro de obras, ou adquiri-los com acabamentos e prontos para usar.

O Edifício Lloyds de Londres, projetado por Richard Rogers (e construído entre 1979 a 1986), utilizou banheiros pré-fabricados, que foram içados até o local e parafusados à estrutura. Essa ideia economizou muito tempo em termos de construção e permitiu que as unidades fossem fabricadas em condições controladas, de maneira precisa e eficiente.

Desde então, as técnicas de pré-fabricação evoluíram de maneira considerável. A empresa alemã Huf Haus é uma das muitas que oferecem kits para montar praticamente qualquer tipo de edificação – sempre como uma série de elementos pré-fabricados que chegam ao local e são parafusados de modo a produzir um resultado industrializado perfeito. Conjuntos habitacionais inteiros já foram produzidos dessa maneira; as unidades são montadas, transportadas até o terreno e "encaixadas" em estruturas já construídas *in loco*.

A pré-fabricação oferece muitas vantagens, incluindo a rapidez de construção e montagem, o controle de qualidade rigoroso (todos os elementos são produzidos em fábricas, ambientes com menos variáveis que os canteiros de obras) e a produção de estruturas adaptáveis, leves, móveis e flexíveis, visto que podem ser desmontadas e reerguidas em outro lugar.

1

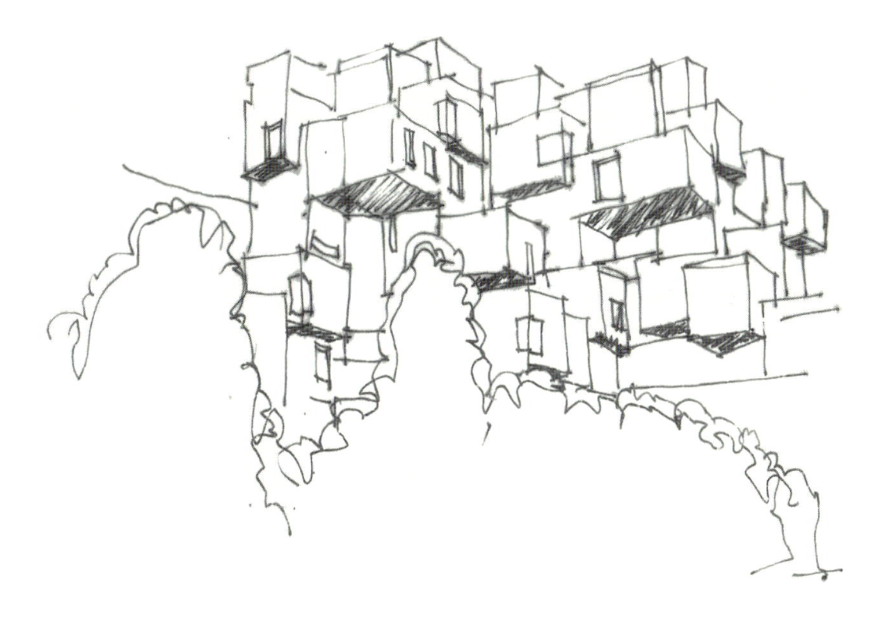

1. Conjunto habitacional pré-fabricado em Londres

Elementos pré-fabricados, como estes banheiros completos, podem ser içados e encaixados nos locais previstos durante a construção de um prédio. Esses elementos podem ser até mesmo unidades de moradia completas. Os condicionantes são o transporte e as questões de instalação.

2. Conjunto habitacional pré-fabricado Habitat, Canadá
Croqui de um estudante de arquitetura

Este condomínio habitacional experimental foi construído em 1967 para a Feira Mundial de Montreal. Ele demonstra o conceito de unidades pré-fabricadas sobrepostas que podem gerar um edifício de apartamentos ou mesmo um conjunto de casas.

3. Arquitetura pré-fabricada
Proposta de um estudante de arquitetura

Esta imagem indica como um conjunto habitacional pode ser construído com diferentes elementos pré-fabricados, cada um instalado em um estágio diferente do desenvolvimento do projeto.

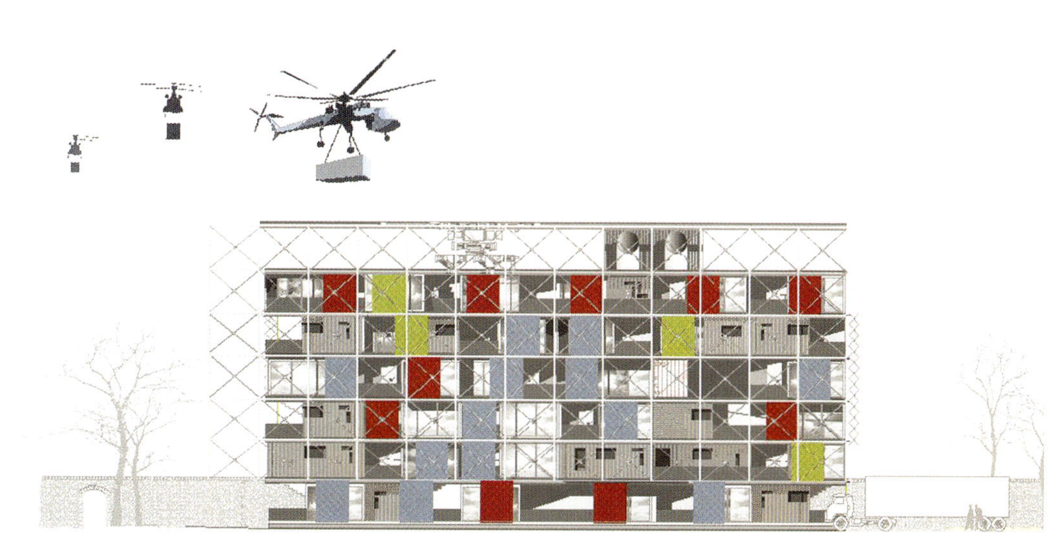

A estrutura da cidade

Nossas cidades oferecem inúmeras possibilidades para quem deseja reinventar as edificações ou os elementos que fazem parte de sua linha do horizonte ou patrimônio arquitetônico, mas que se tornaram obsoletas devido aos diferentes usos de espaços e lugares. A reciclagem é uma oportunidade à qual os arquitetos podem responder de maneira positiva. Para tanto, é preciso considerar a história do local com sensibilidade e cuidado, sem esquecer que uma edificação preexistente pode ser adaptada a novas funções sem comprometer os aspectos importantes de sua aparência e forma.

Em geral, a reciclagem de edificações preexistentes por meio de um novo projeto é a maneira mais sustentável de lidar com os prédios, uma vez que reutiliza formas e materiais.

Um bom exemplo é a Galeria de Arte Moderna Tate, que se tornou uma das galerias de arte mais famosas do mundo. O projeto aproveitou ao máximo os impactos e a escala da edificação preexistente. A galeria age como um marco urbano, respondendo ao terreno que fica na margem sul do Rio Tâmisa, em Londres. Outros elementos, como a ponte e o passeio ao longo do rio, ajudaram a criar a infraestrutura urbana que transformou a galeria no elemento central do seu entorno urbano.

1. Grande Pátio do Museu Britânico, Londres, Inglaterra
Foster and Partners, 1994–2000
O Grande Pátio costumava ser um pátio externo subutilizado, até ser reciclado por **Foster and Partners** em 1994. A área foi coberta por uma estrutura de vidro peculiar, tornando-se um pátio interno vibrante que funciona como café, recepção e ponto de informações do museu.

2. Galeria Tate Modern, Londres, Inglaterra
Herzog e de Meuron, 1998–2000
A construção da Galeria Tate Modern fez parte de um projeto de renovação urbana da Margem Sul de Londres. Esta antiga usina de energia foi redefinida. Sua forma externa potente já era um ícone da cidade; os espaços internos em escala industrial, como o salão das turbinas, foram aproveitados para se obter um efeito impressionante na área de exposições central, permitindo a realização de exposições e eventos de grande escala.

1

Foster and Partners

A firma de Norman Foster trabalha com arquitetura "*hi-tech*", usando tecnologia de ponta e materiais inteligentes. A Foster and Partners tem se envolvido em projetos que variam do desenho de produto e projeto e reforma de edificações à elaboração de planos diretores completos. O uso inovador do vidro sempre foi uma característica marcante de sua obra.

Seus projetos recentes incluem o Grande Pátio do Museu Britânico, o Banco de Hong Kong e Xangai Bank, a reforma do Reichstag (o Parlamento Alemão) e o terminal do Aeroporto Internacional de Pequim.

2

A inovação

O projeto de edificações traz muitos questionamentos sobre sustentabilidade. O projeto de uma cidade, por exemplo, lida com questões como transporte, eficiência energética e emissões de carbono; já em uma escala micro, as considerações relevantes ao projeto de arquitetura sustentável incluem o projeto de edificações individuais, os tipos de materiais utilizados e como eles são fabricados e obtidos.

O termo "sustentabilidade" é bastante abrangente quando aplicado à arquitetura: refere à natureza da construção, aos materiais empregados e às suas origens. Por exemplo, a madeira utilizada em um projeto específico vem de fontes sustentáveis? Ela foi obtida em uma floresta controlada, onde cada árvore removida é substituída por outra, ou vem de uma floresta virgem, onde a remoção de árvores causa danos irreparáveis à área e, em última análise, ao planeta?

Há questões mais amplas a considerar no contexto da sustentabilidade. Que distância os materiais empregados na edificação têm de percorrer para chegar ao canteiro de obras, por exemplo? Quando a ardósia da China é usada em edificações na Europa, os custos financeiros talvez sejam inferiores aos dos materiais obtidos no local; no entanto, o custo do carbono em termos de combustível usado no transporte do material é significativo. A pegada ecológica da edificação consiste na quantidade de carbono liberado na fabricação dos materiais e em seu transporte até o canteiro de obras. É preciso levar em conta esses fatores na hora de comprar ou especificar materiais.

Outra consideração importante é a eficiência energética da edificação ao longo de sua vida útil. O isolamento térmico, por exemplo, é essencial para reduzir a quantidade de combustível necessária para manter uma temperatura ambiente confortável no interior da edificação. A energia usada para abastecer a edificação é renovável? Como os dejetos são tratados e descartados? Todas as questões referentes à sustentabilidade precisam ser consideradas à medida que o projeto da edificação avança.

Na escolha de um terreno, também é necessário levar em consideração importantes questões relativas à infraestrutura, como a disponibilidade de transporte público na área, a fim de minimizar os deslocamentos com automóveis particulares e o consumo de combustível.

1

1. Eco-Comunidade BedZED, Surrey, Inglaterra
Bill Dunster Architects, 2002
O Beddington Zero Energy Development (BedZED) é o maior empreendimento com consumo líquido de energia zero na Inglaterra. Ele contém espaços de moradia e trabalho que foram projetados especificamente como uma proposta de vida urbana sustentável. Além de utilizar a energia proveniente de fontes renováveis, o empreendimento possui sistemas de energia solar e reciclagem de esgoto cloacal.

Os materiais inovadores

Os avanços nas tecnologias de materiais oferecem novas oportunidades para a arquitetura contemporânea. As inovações em materiais utilizados em áreas como a moda e o desenho de produtos também podem influenciar o projeto de edificações. Essas inovações podem estimular uma nova maneira de pensar a edificação, facilitar ou baratear o processo de construção ou criar um tipo de manifesto visual.

As tecnologias interativas oferecem a possibilidade de fazer com que as edificações respondam às atividades dos usuários. Sensores de movimento nos interiores e exteriores das edificações permitem a operação remota de sistemas como os de iluminação e ventilação. Os materiais também conseguem reagir aos movimentos ou à luz por meio de sensores térmicos, e as tecnologias sem fio nos ajudam a utilizar as edificações com mais flexibilidade.

A combinação de materiais pode aumentar a flexibilidade e as oportunidades de aplicação de determinado material. Os pisos de vidro compostos, por exemplo, feitos de vidro estrutural e alumínio, unem a leveza e a resistência do alumínio à transparência do vidro de modo a criar grandes painéis que, por serem estruturais, também podem ser usados em pisos.

O concreto translúcido ou transparente, feito de vidro e produtos sintéticos polimerizados, revolucionou as propriedades do concreto. Além da flexibilidade considerável (visto que pode ser lançado e moldado *in loco*), ele tem um benefício extra, pois permite a passagem de luz. O resultado é que os pilares estruturais que utilizam este material se tornam mais leves em termos visuais.

A crescente exigência de eficiência energética nas edificações, juntamente com a possibilidade de transformar as superfícies em fontes de captação de energia, tornou a aplicação de painéis fotovoltaicos mais comum e flexível. Atualmente, os painéis fotovoltaicos integram o sistema de cobertura, em vez de serem tratados como elementos anexados após a construção, oferecendo mais oportunidades de projeto ao arquiteto.

A inovação também se refere ao uso de materiais em contextos diferentes. Os materiais refletivos, tradicionalmente empregados em projetos aeroespaciais, passaram a ser utilizados no isolamento térmico de coberturas. A lã de ovelha é utilizada com frequência no isolamento térmico de edificações, visto que apresenta alta resistência térmica. Os fardos de palha, que já foram considerados materiais de construção vernacular, passaram a ser vistos como materiais sustentáveis adequados para inúmeros contextos.

O futuro dos materiais e das tecnologias de construção está intimamente relacionado ao desenvolvimento de materiais "inteligentes" por uma grande variedade de indústrias. Os desafios enfrentados pelos arquitetos de hoje incluem aprender como incorporar tais tecnologias e inovações aos materiais e estratégias de construção, além de tornar mais dinâmica e interativa a experiência de vida e trabalho.

1. Edifício Libeskind do Museu Judaico de Berlim (Jüdisches Museum Berlin), Alemanha
Studio Daniel Libeskind, 1999
O Edifício Libeskind do Museu Judaico de Berlim usa um material de revestimento externo bastante peculiar – o zinco – gerando um contraste com os pesados edifícios de pedra que o circundam. Como está exposto às intempéries, o material do revestimento também mudará de textura e cor com o passar do tempo, adaptando-se ainda mais ao contexto.

2. O vidro estrutural
A transparência desta escada permite que a luz desça pelo prédio, estabelecendo uma relação tanto física como visual entre os pavimentos.

O projeto de um pavilhão

Projeto: Pavilhão dos Emirados Árabes Unidos, Exposição Xangai 2010

Arquitetura: Foster and Partners

Cliente: Conselho Nacional da Mídia dos Emirados Árabes Unidos

Localização/data: Xangai, China 2008–2010

Existem muitos sistemas inovadores empregados na edificação que desafiam as ideias contemporâneas sobre a arquitetura e a forma. O uso de novos sistemas de estruturas pode sugerir um novo conjunto de formas de arquitetura que são escultóricas, desafiando as concepções que costumamos ter sobre o que é uma "edificação". A Foster and Partners tem a reputação de inovar na arquitetura: às vezes sua solução estrutural pode determinar a estética de um projeto. A estrutura de um pavilhão é uma oportunidade para apresentar novas ideias e desafiar as convenções da arquitetura.

O pavilhão dos Emirados Árabes Unidos era uma edificação temporária projetada e construída para a Exposição Xangai 2010. Ele foi projetado para acomodar exemplos de inovação dos Emirados Árabes Unidos que respondessem ao tema da exposição: "Cidades Melhores, Vidas Melhores". Por exemplo, um dos projetos que seria exibido no prédio seria o plano diretor de Masdar, uma comunidade planejada neutra em carbono que está sendo construída em Abu Dhabi.

O programa de necessidades previa a acomodação de 450 pessoas e a criação de um espaço para exibições com três mil metros quadrados. O pavilhão precisava ter um espaço flexível em termos de leiautes para exibição e espaços para mostruários. O conceito do plano foi inspirado na ideia de dar uma resposta a uma característica da paisagem local: a duna de areia.

O conceito sugere uma duna de areia em termos de sua forma, ondulada e suave. Além disso, a superfície externa do pavilhão é lisa no lado exposto aos ventos, mas é texturizada no lado oposto. As elevações norte e sul contrastam bastante entre si: a elevação norte é mais aberta, a fim de permitir que a luz natural seja filtrada antes de entrar no prédio; já a sul é mais fechada, buscando minimizar os ganhos térmicos solares.

A estrutura do pavilhão é composta por uma treliça plana de barras de aço chatas. Elas foram desenhadas com um sistema de conexão que permite a fácil montagem e desmontagem, para que o pavilhão possa ser desconstruído e removido rapidamente. A arquitetura do interior ficou a cargo da Ralph Applebaum Associates, e a iluminação destaca a estrutura de sustentação da cobertura, permitindo que a solução estrutural fique evidente a partir do exterior do prédio.

1

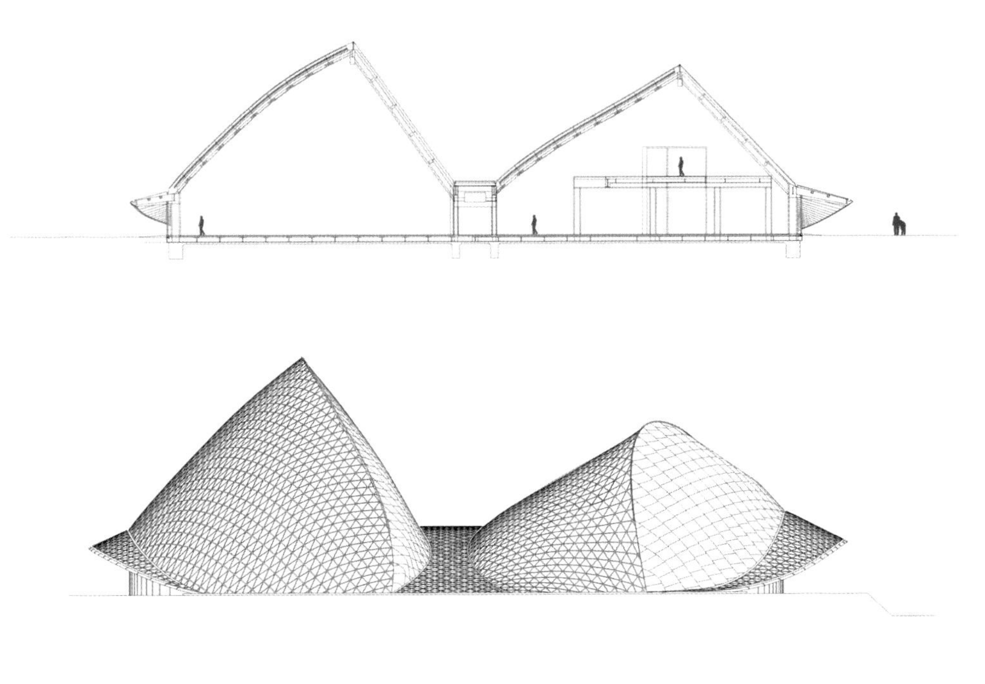

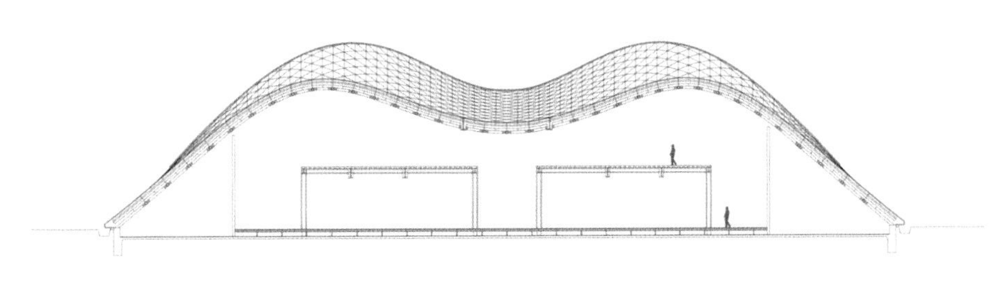

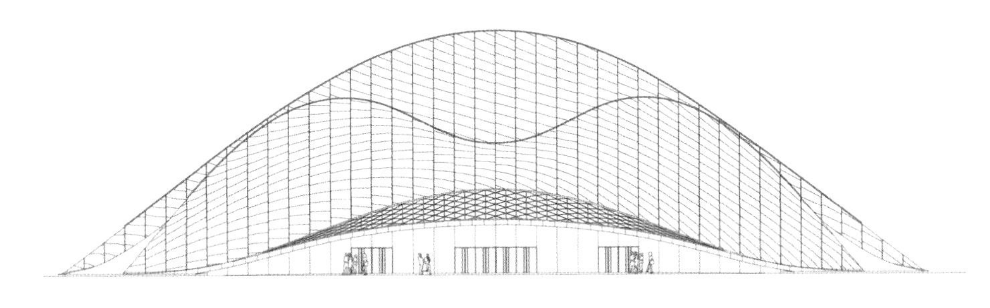

1. Cortes e elevações
Cortes e elevações do bloco principal.

1. A pele do pavilhão
O revestimento externo do pavilhão reflete a luz.

2. A entrada do pavilhão
A entrada relaciona o pavilhão com a grande praça pública externa.

1

2

3. O espaço de exibição
O interior, com os grandes objetos de exibição soltos no espaço.

4. Um espaço com planta livre
O espaço interno é um grande cômodo com planta livre, com uma área suficiente para projeções e a instalação de mostruários interativos.

3

4

Exercício: Uma perspectiva axonométrica explodida

Uma axonométrica explodida permite a visualização geral tridimensional de um projeto. Em suma, trata-se de uma perspectiva axonométrica decomposta, dando a impressão de que estamos vendo uma maquete de edificação de cima para baixo. As axonométricas explodidas são desenhos tridimensionais que foram separados em uma série de camadas, a fim de explicar uma ideia de arquitetura.

Para este exercício, pegue a planta baixa de uma edificação e desenhe uma perspectiva axonométrica. Para transformá-la em uma perspectiva axonométrica explodida, pense nas camadas que compõem o prédio.

No exemplo apresentado na página seguinte, do Pavilhão de Barcelona, as colunas estruturais são mostradas na planta baixa, e elementos como paredes opacas, paredes de vidro e a cobertura foram afastados, como se fossem camadas extras. A quantidade de detalhes apresentados ficará a seu critério, e talvez seja interessante, para ressaltar os materiais mais importantes, usar cores ou agregar fotografias de áreas selecionadas.

1. Pavilhão de Barcelona (croqui), construído para a Exposição Internacional de Barcelona de 1929
Ludwig Mies van der Rohe, 1928–1929
Este desenho tridimensional do Pavilhão de Barcelona, projetado por Mies van der Rohe, explica o prédio como uma série de planos horizontais e verticais, apresentando também os elementos estruturais que sustentam a cobertura.

1

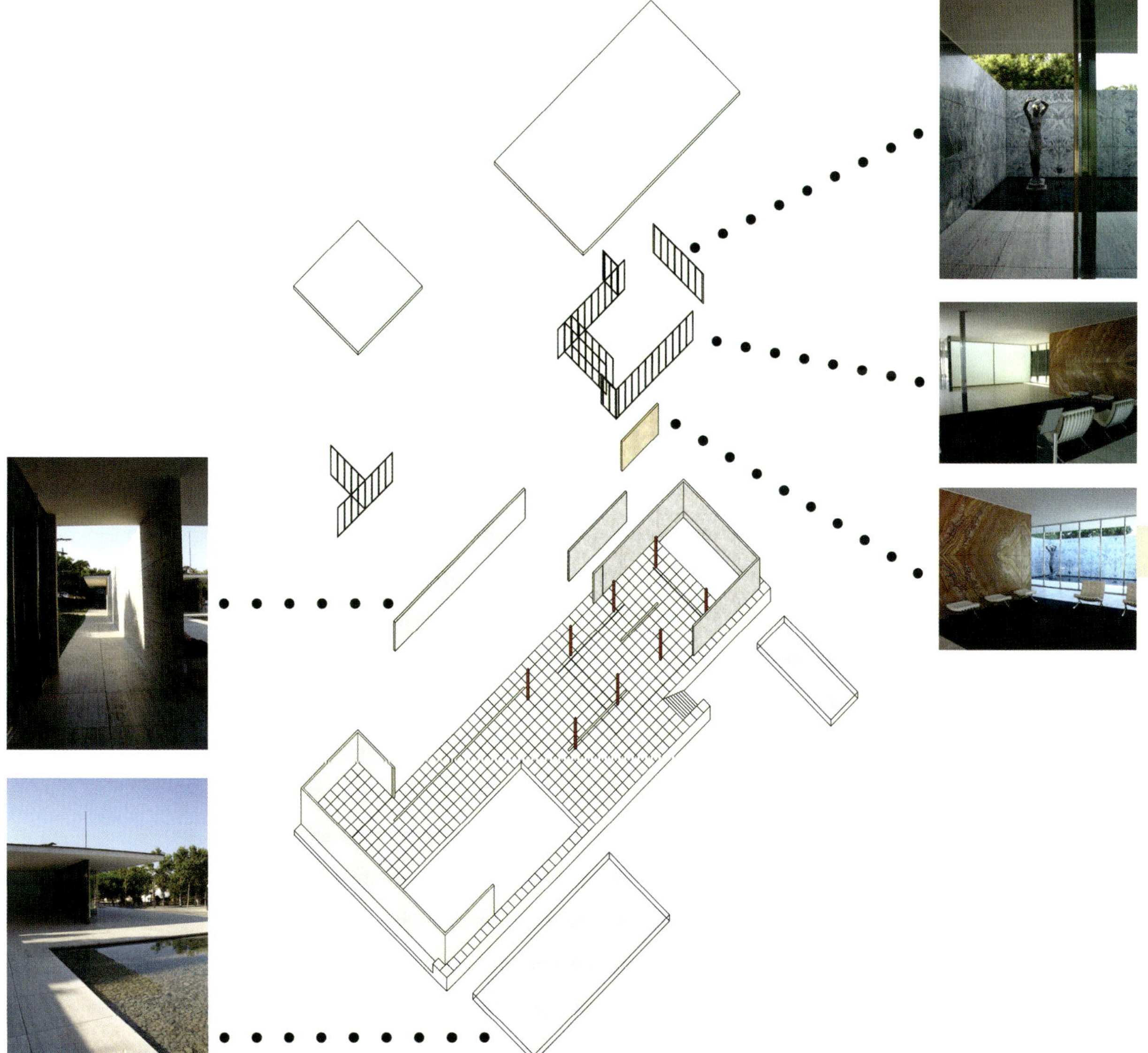

Capítulo 4
A Representação Gráfica e as Maquetes

Neste contexto, representação gráfica se refere à variedade de métodos que podem ser empregados para expressar ideias e conceitos de arquitetura. Algumas dessas técnicas são tradicionalmente associadas à representação da arquitetura (como plantas baixas, cortes e elevações), outras foram tomadas emprestadas ou adaptadas de outras áreas, como o cinema (storyboards), a mídia digital (produção de imagens geradas por computador) e as belas artes (esboços à mão livre e técnicas de desenho analítico geralmente associados a elas).

1

1. Corte de uma edificação
Este desenho feito por um estudante descreve os espaços de uma edificação; o uso de calungas conta a história de como ela será utilizada. O uso de sombras sugere as características dos espaços habitáveis internos.

O projeto em CAD

Os avanços tecnológicos dos últimos 20 anos têm oferecido uma gama de novas possibilidades aos arquitetos. Hoje todos os estudantes aprendem algum tipo de ferramenta de CAD (projeto assistido por computador) nas faculdades de arquitetura, o que fez dele uma linguagem aceita no discurso da disciplina.

Esse avanço tecnológico oferece uma interface completamente nova para a descrição de espaços de arquitetura, permitindo a evolução de novos tipos de formas.

O CAD FACILITA OU LIMITA?

Por um lado, o CAD oferece uma ferramenta para explorações de projeto; os diferentes pacotes de programa, usados independente ou coletivamente, possibilitam novas iniciativas e formas de expressão. O CAD também permite a expressão rápida de ideias, já que torna fácil adaptar e desenvolver plantas baixas e cortes. Além disso, pode ser empregado para produzir uma série de imagens relacionadas – cada imagem oferece uma camada de informações adicional. Coletivamente, uma série de desenhos comporá um "pacote" de informações capaz de comunicar melhor o conceito ou as instruções para construção.

Às vezes, porém, o computador acaba se tornando um fator limitador. As imagens produzidas em CAD são artisticamente trabalhadas, com resultados atraentes e impressionantes; no entanto, é a arquitetura após a execução, como espaço habitável, que precisa ser testada e lida como uma forma tridimensional viável.

O uso do CAD oferece interfaces interessantes. Embora certas expressões das edificações às vezes pareçam surreais, outras são tão reais e perfeitas em termos de imagens que somos obrigados a perguntar se a representação é uma fotografia ou uma maquete eletrônica.

1. Desenho feito com CAD
Este desenho feito com computador foi desenvolvido com o uso do programa Adobe Photshop, sobrepondo diferentes imagens e informações, a fim de sugerir como poderia ser projetado um espaço de uso público.

2. e 3. Fotomontagem feita com CAD
Este conjunto de imagens usa uma combinação de fotografias tiradas *in loco* e maquetes eletrônicas para descrever uma ideia de projeto.

1

AS FOTOMONTAGENS

Um mecanismo muito eficaz em CAD é o uso da técnica de fotomontagem. Ela produz imagens atraentes geralmente empregadas para vender uma ideia ou demonstrar que a arquitetura pode "se adaptar" a qualquer exigência apresentada pelo cliente ou se encaixar de maneira apropriada no terreno em questão. As fotomontagens são muitas vezes descritas como impressões artísticas, pois elas costumam misturar fotografias digitais de um terreno existente com maquetes eletrônicas. As fotomontagens são imagens "manipuladas" pelo projetista, para obter a melhor vista ou o ângulo mais atraente de uma ideia que está sendo proposta. O principal objetivo de qualquer técnica de representação é apresentar a melhor imagem de um conceito.

2

3

1., 2. e 3. Páginas de um caderno de croquis
Estes croquis mostram uma variedade de tipos de desenho: (1) uma imagem com texto sobreposto; (2) uma fotografia do local sobreposta a um croqui de situação, para começar um projeto; (3) o uso de croquis feitos à mão livre sobrepostos a cortes.

Os croquis

O desenho de arquitetura costuma pertencer a uma destas três grandes categorias: desenhos de conceito, desenhos de desenvolvimento e desenhos de detalhe. O croqui pode ser empregado em qualquer uma delas, mas é mais frequente na etapa de elaboração do conceito de arquitetura, pois é o meio mais rápido e simples de explicar uma ideia complexa.

Os croquis podem ser rápidos e impulsivos ou mais detalhados e feitos em escala. Existem até pacotes de software que tentam recriar o aspecto fluido e informal desses esboços (como Google SketchUp). Os croquis são muito expressivos; eles criam um vínculo pessoal e imediato entre uma ideia e sua representação bidimensional no papel. Um croqui tem personalidade, mas é vago, o que o torna muito atraente. Com a destreza da mão do desenhista e a espessura da linha traçada a lápis, tudo pode ser sugerido ou velado. Os croquis podem ser feitos em qualquer etapa de um projeto, mas é especialmente no seu início, quando ainda não se está falando dos detalhes e tudo pode acontecer, que eles são mais poderosos.

1

O IMPORTANTE É A IDEIA

Qualquer um pode fazer um croqui: é fácil traçar linhas no papel. O que importa é a sofisticação da ideia que está por trás da linha e os pensamentos que a estimulam. A precisão ou a habilidade técnica não são relevantes, e sim a ideia. Leonardo da Vinci, por exemplo, usava croquis para estudar o corpo humano, para entender melhor a mecânica dos músculos e a estrutura do esqueleto. Ele usou seus esboços para inspirar seus projetos subsequentes de máquinas e edificações.

O croqui é um desenho livre e, como tal, pode ser retrabalhado e redirecionado para explorar diferentes possibilidades. Um croqui pode representar uma ideia totalmente fantasiosa, algo futurista ou surreal, ou mesmo sugerir os detalhes de um conceito e como eles seriam aplicados a uma obra de arquitetura. Fazer croquis permite explorar uma ideia, averiguar possibilidades. Somente quando a ideia for posta no papel, na forma de um esboço, ela poderá ser desenvolvida.

3

1

2

CROQUIS DE CONCEITO

Os croquis de conceito são criados no momento em que surge uma ideia de arquitetura. Esses esboços conectam a ideia à arquitetura. Eles podem ser abstrações, metáforas ou até mesmo ser simples rabiscos que permitam o desenvolvimento de uma ideia.

Peter Zumthor, 1943–

Peter Zumthor é um arquiteto suíço que tem a reputação de ser sensível ao contexto e ao uso dos materiais. Além de arquiteto, é escritor, e se interessa particularmente pela descrição poética e filosófica de suas edificações, em termos de materiais, iluminação e espaço. Algumas de suas obras mais importantes incluem galerias, museus e locais de culto.

1. e 2. Pavilhão da Galeria Serpentine
Peter Zumthor, 2011
A Galeria Serpentine é uma edificação temporária que foi inserida no Hyde Park, em Londres, como um pavilhão de verão, e faz parte de uma série de construções projetadas por arquitetos de renome. Nesse caso, Zumthor estava interessado na relação entre o jardim e o pavilhão. As elevações austeras contrastam com o jardim inspirado no Japão que se encontra em seu interior.

3. e 4. Croquis de estudo
Os croquis de estudo podem desconstruir uma ideia, possibilitando uma melhor compreensão de como desenvolvê-la e armá-la. Estas duas séries de croquis de estudo investigam ideias sobre espaços e de como usar escadas.

3

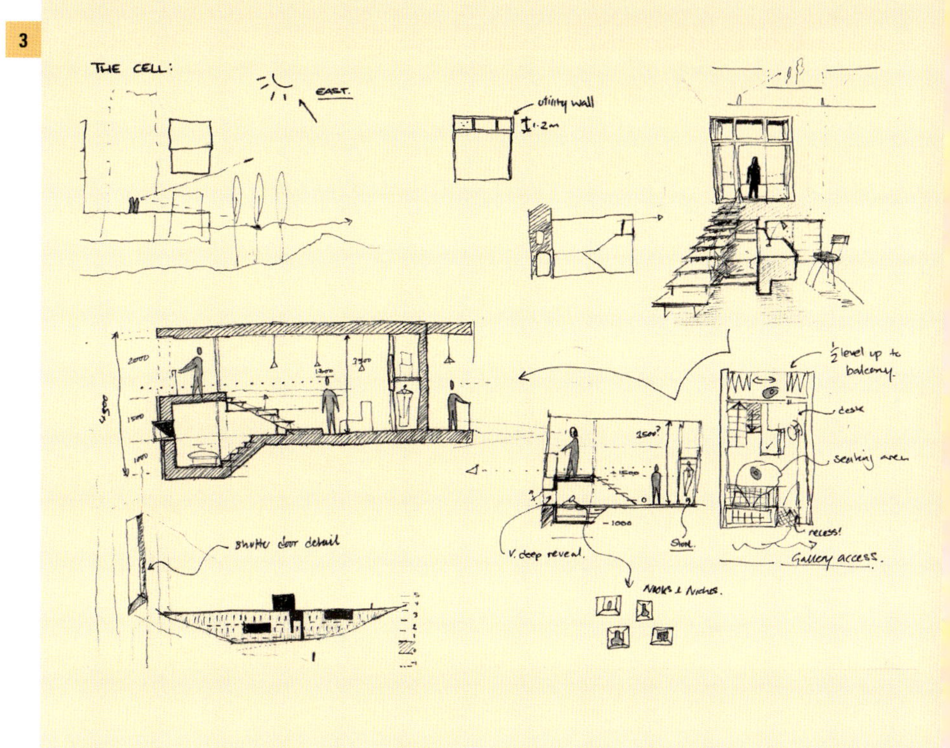

Os croquis de estudo são úteis para o desenvolvimento e detalhamento de uma ideia preliminar, geralmente como parte de uma série de passos que busca explicar o funcionamento de alguma coisa que já existe ou que será construída. Os croquis de estudo permitem a desconstrução de uma ideia. Os espaços internos podem ser analisados em termos de atividades ou funções que ocorrerão dentro deles, e as cidades podem ser estudadas em termos de experiências, percursos ou volumes de edificações.

As edificações podem ser analisadas especificamente em termos mensuráveis, como o nível de iluminação, ou em termos do funcionamento prático de seus diversos cômodos e espaços. Tal análise é essencial à compreensão das condições preexistentes em um sítio, de modo que elas possam ser levadas em consideração na ideia ou proposta de arquitetura. Essa análise deve ser concisa e clara como um diagrama.

4

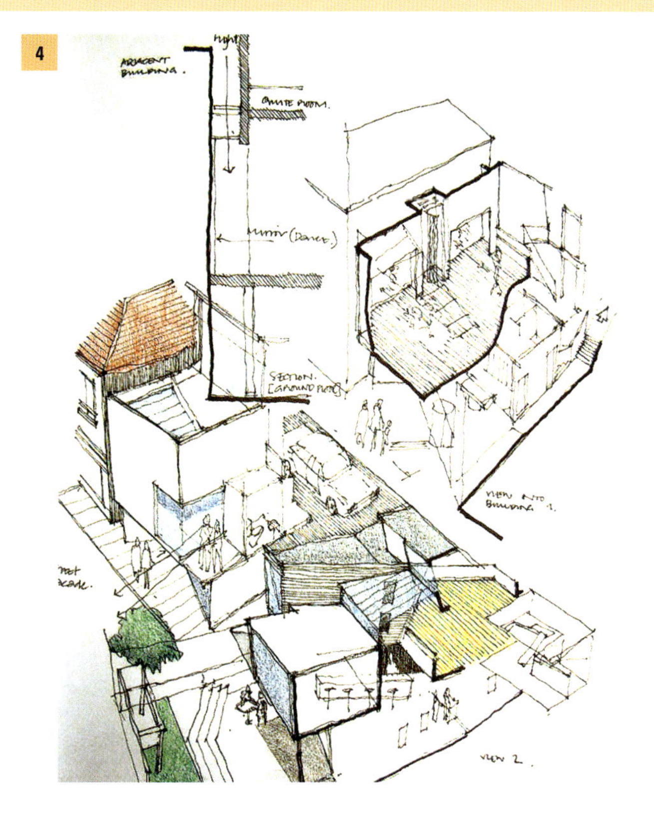

CROQUIS DE OBSERVAÇÃO

Algumas das melhores ideias surgem quando entendemos melhor algo que já existe. Os croquis de observação podem revelar detalhes da forma e da estrutura que ajudam na compreensão de uma edificação. Esse tipo de esboço pode ser associado ao desenho da figura humana: ao desenhar o corpo humano, o artista plástico consegue entendê-lo melhor, tanto em termos de proporções como de seu funcionamento. O mesmo processo é aplicável ao desenho de uma edificação; os croquis ajudam no estudo dos componentes individuais e na compreensão de como eles se relacionam com o todo. Por exemplo, os detalhes de como diferentes materiais são justapostos e se conectam podem revelar ideias bastante evidentes ou muito sutis.

1. e 2. Croquis de estudantes
Estes croquis são estudos bem detalhados do interior e exterior de edificações. Os alunos tiveram o cuidado de analisar e representar os detalhes, com o uso apropriado de cores e texturas, para reforçar a expressividade das imagens.

3. Capela de São Benedito, Graubünden, Suíça
Peter Zumthor, 1987–1989
Esta fotografia mostra a luz do Sol que entra no espaço interior. Compare-a com os croquis da página 101.

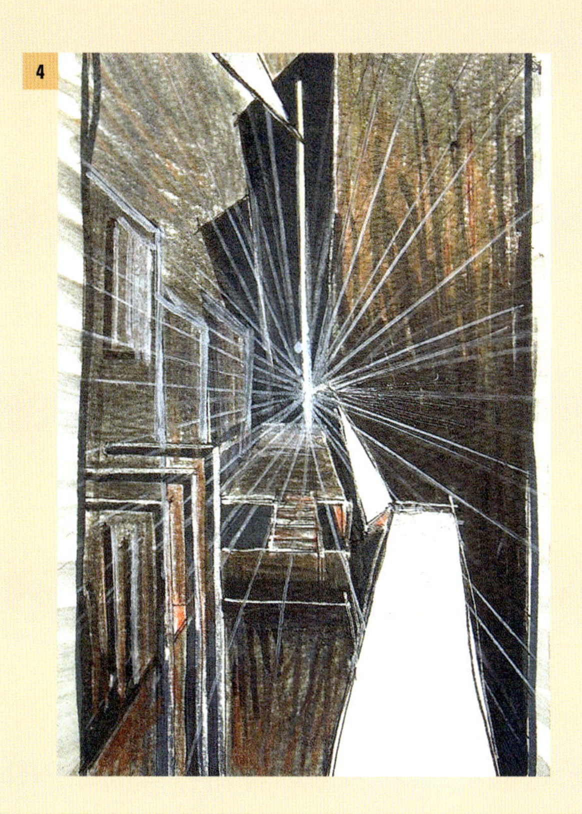

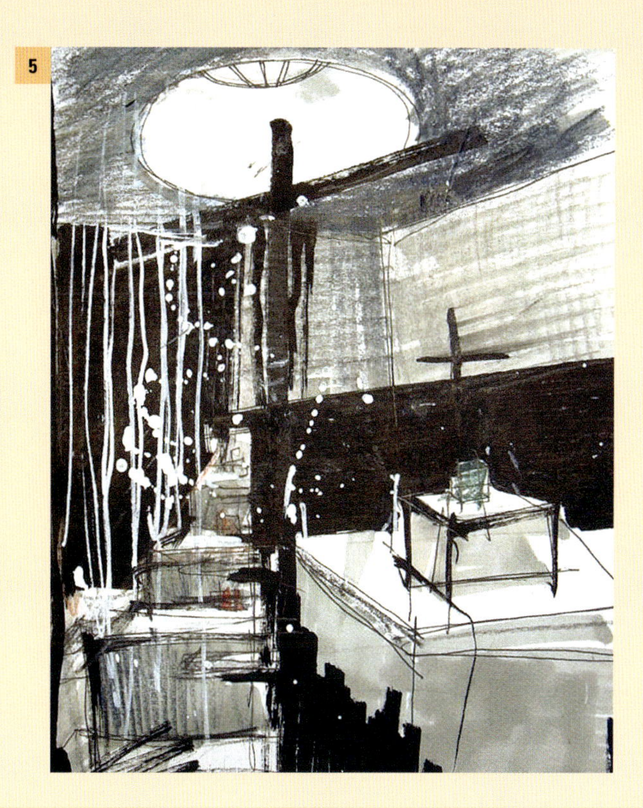

CADERNOS DE CROQUIS: DEPÓSITOS DE IDEIAS

Os cadernos de croquis servem de depósito para as ideias e os diferentes caminhos a serem explorados e compreendidos. Eles são fruto das emoções, rápidos e cheios de vida. O caderno de croquis de um arquiteto permite que uma ideia seja registrada e explorada além da realidade, às vezes na direção errada, até sua exaustão. Outras vezes, eles exploram conceitos que começam como esboços bidimensionais muito preliminares, mas que resultam em uma obra construída; o salto da imaginação pode ser enorme!

Os cadernos de croquis contêm observações visuais que servem como estímulo e inspiração. Essa forma de registro é feita pela observação de situações reais (a compreensão de como os prédios são), bem como estudos teóricos (por que os prédios são de uma maneira ou outra).

O processo de desenvolvimento de uma ideia de arquitetura pode ser bem documentado e registrado em um caderno de croquis, mas também pode ser trabalhado em conjunto com o computador na comunicação dos projetos de arquitetura. O que inicia como um croqui de conceito é redesenhado em escala, no computador. Partes desse desenho podem ser analisadas mais profundamente e refeitas no caderno de croquis antes de serem desenvolvidas no computador e se tornarem propostas acabadas. O computador e o caderno de croquis representam duas ferramentas de pensamento distintas, ambas necessárias para a arquitetura; os croquis são criativos e intuitivos, o computador é objetivo e preciso.

4. e 5. Croquis em perspectiva
Estes desenhos exploram o modo como a luz entra na Capela de São Benedito. O uso da cor nestes croquis dá uma imagem animada e realista do espaço interno.

A escala

A escala é uma consideração fundamental no projeto de arquitetura e dos espaços, uma vez que nos permite comparar a planta ou maquete de uma ideia com sua representação em tamanho real. A escala é a representação de uma ideia em relação a uma medida, ou um sistema de medidas, conhecida ou compreendida universalmente.

A compreensão do sistema de escala possibilita a comunicação adequada da ideia associada a um espaço específico. Associar uma ideia a algo cuja escala conhecemos nos ajuda a entender melhor as proporções de determinado conceito. A inserção de uma pessoa em um cômodo ou uma edificação, por exemplo, é algo com o que podemos nos conectar imediatamente em termos de escala. Da mesma forma, os móveis (como camas ou cadeiras) também estão relacionados à escala humana; logo, sua inserção em um cômodo nos ajuda a entender os conceitos, as proporções e os espaços de arquitetura.

A escala está entre as primeiras noções que precisamos compreender antes de começar a projetar edificações que serão usadas por pessoas, pois ela possibilita compreender como determinado espaço será ocupado fisicamente – seja ele um espaço rígido, intimista e fechado, ou flexível, grande e aberto.

As potências de dez

É preciso entender a escala no sentido tanto físico como relativo. Entre os mais importantes estudos de escala destaca-se *The Powers of Ten* (1968), um filme de Charles e Ray Eames. O filme começa com a imagem de uma pessoa deitada sobre uma toalha de piquenique. O observador entende com facilidade a escala identificável da imagem, por se tratar de escala real ou proporção 1:1. A seguir, cada quadro é reduzido em 10 vezes, passando de 1:10 (um décimo do tamanho real), para 1:100 (um centésimo do tamanho real) e assim por diante, até chegar ao conhecimento (que se tinha) do universo.

O filme oferece uma maneira útil de compreender a natureza relativa da escala. A compreensão da escala pressupõe a compreensão do tamanho real dos objetos, além de seu tamanho percebido e representado. A escala é um conceito relacionado com o ato de imaginar espaços, objetos ou edificações em diferentes níveis de detalhamento.

Para saber mais, acesse www.powersof10.com.

1. Maquetes em escala (da esquerda para a direita: 1:2.000, 1:200 e 1:20)
Estas maquetes são em escalas muito diferentes, cada uma 10 vezes maior do que a outra. Cada aumento de escala permite que mais detalhes sejam entendidos.

Escala	Uso
1:1 Escala real	Detalhes de mobiliário e materiais
1:2	Detalhes de mobiliário e materiais
1:5	Detalhes de interiores e de edificações
1:10	Detalhes de interiores e de edificações
1:20	Detalhes de interiores e de edificações
1:50	Detalhes de interiores e plantas baixas de edificações pequenas
1:100	Plantas completas de edificações maiores
1:200	Plantas completas de edificações maiores e plantas de localização
1:500	Plantas de localização e do entorno imediato
1:1.000	Plantas de situação e contexto
1:1.250	Plantas de situação em mapas parciais
1:2.500	Plantas de situação em mapas grandes

1

Escala de 1:2.000

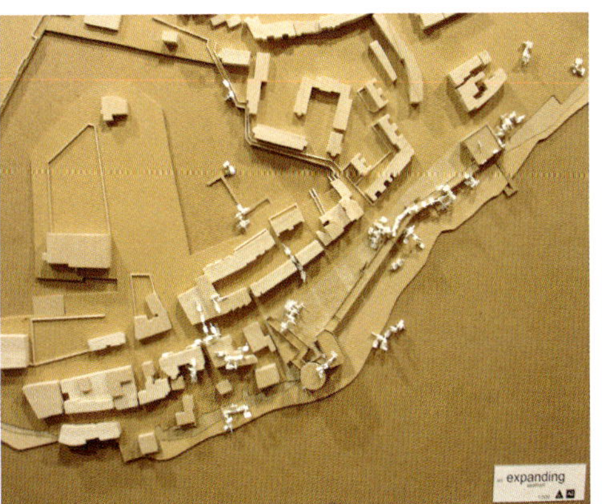

Escala de 1:200

Escala de 1:20

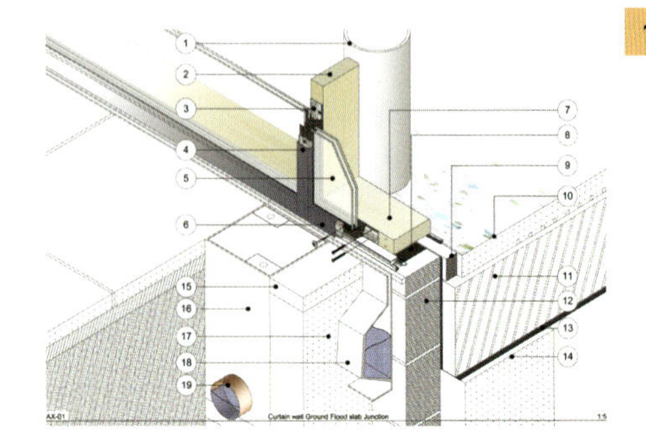

1

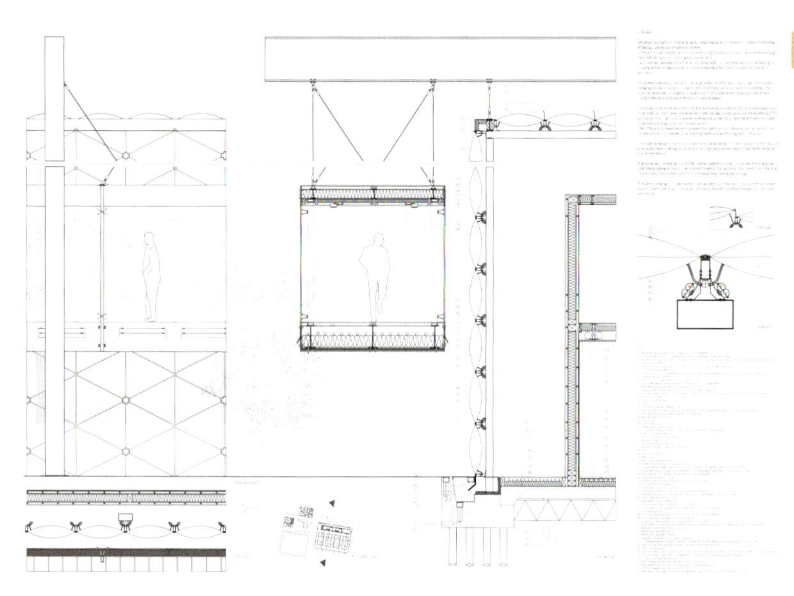

2

A ESCALA ADEQUADA

A adequação da escala, que requer o uso da relação de dimensões correta para transmitir as informações de maneira eficaz, é fundamental, uma vez que afeta a comunicação e a compreensão de determinado conceito. Os arquitetos usam escalas diferentes das utilizadas por engenheiros ou outros projetistas.

A primeira relação que precisamos entender é a escala de 1:1, ou escala real, empregada na arquitetura para projetar componentes pequenos e investigar espaços em detalhes. Às vezes é possível simular espaços em escala real, de maneira semelhante à construção de um cenário de teatro, com o intuito de investigar um conceito. Todas as relações são expressas proporcionalmente à escala real.

Depois da escala de 1:1, cada relação é utilizada em contextos distintos, o que nos permite alterar os aspectos ou detalhes da ideia que será desenhada e representada graficamente.

Os detalhes da construção são representados na escala de 1:5 ou 1:10. Em geral, esses detalhes buscam explicar as conexões no interior das edificações, como os pontos em que as paredes se encontram com o piso e a cobertura ou com as fundações.

A próxima faixa de escala, de 1:20 e 1:50, costuma ser empregada para explicar os aspectos internos dos cômodos e leiautes ou para transmitir uma noção mais ampla relacionada à construção ou à edificação.

As plantas baixas e de localização são desenvolvidas nas escalas de 1:50, 1:100 e 1:200, de acordo com o tamanho do prédio. As plantas de situação são elaboradas em escalas de 1:100, 1:200 e 1:500. As relações maiores são utilizadas nos mapas que indicam a localização do terreno, produzidos, em geral, nas escalas de 1:1.000, 1:1.250 ou 1:2.500.

3

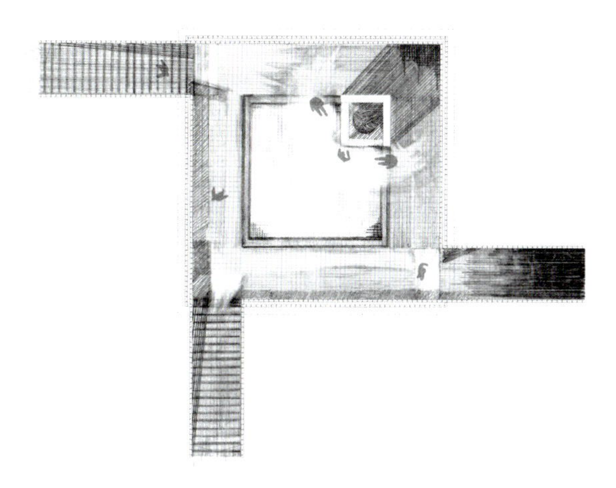

4

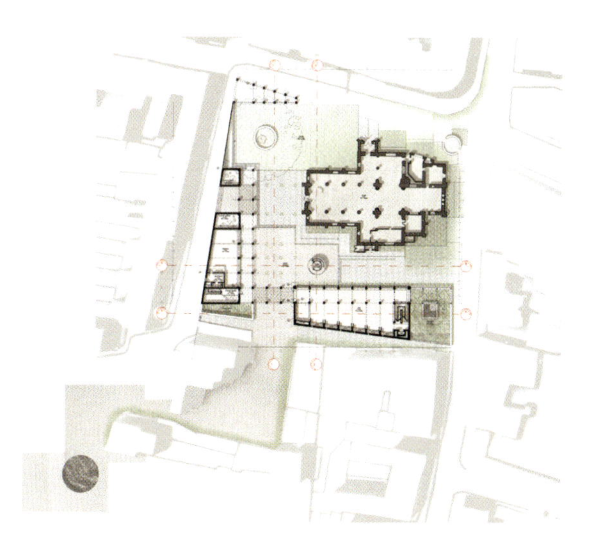

1.–5. Desenhos em escala
1. O desenho de um detalhe de construção geralmente é feito na escala de 1:5 ou 1:10, a fim de mostrar como os materiais se conectam.
2. Um corte na escala de 1:20 ou 1:50 mostra as relações entre os espaços.
3. Uma escala de 1:50 ou 1:100 pode ser empregada para as plantas baixas e os cortes de uma edificação completa.
4. Desenhos na escala de 1:200 ou 1:500 geralmente são utilizados em plantas de localização ou situação, mostrando o contexto imediato.
5. Um mapa na escala de 1:1.250 ou 1:2.500 descreve um contexto muito maior – uma cidade ou região.

5

A projeção ortográfica

A projeção ortográfica é um meio de representar um objeto tridimensional em duas dimensões. Na arquitetura, a projeção ortográfica geralmente assume uma destas três formas: planta baixa, corte ou elevação.

Uma planta baixa é o corte horizontal imaginado de um cômodo ou uma edificação a 1,2 metro acima do solo ou do nível de piso acabado. Um corte consiste na seção vertical de uma edificação ou espaço. Uma elevação representa a vedação externa da edificação, isto é, sua face ou fachada.

Os três tipos de desenho têm medidas; todos usam a escala para informar os espaços e as formas contidos em seu interior. Quando usam o termo "projeto completo", os arquitetos estão se referindo a plantas baixas, cortes, elevações e detalhes de um projeto. Com todas essas informações, e cada tipo de desenho representado em diferentes escalas, é possível apresentar o projeto da edificação com clareza e explicá-lo como uma proposta tridimensional. Seu custo pode ser estimado por um orçamentista e sua intenção arquitetônica, visualizada por um engenheiro; além disso, o construtor usa os desenhos para construir a edificação de maneira precisa. Quando isolados, cada tipo de desenho transmite informações específicas; em conjunto, porém, eles explicam a arquitetura por completo.

AS PLANTAS BAIXAS

As plantas baixas precisam explicar as camadas horizontais da edificação, incluindo o subsolo (ou área subterrânea), o pavimento térreo, todos os outros pavimentos e o pavimento de cobertura.

A planta de localização é o primeiro tipo de desenho necessário para explicar uma edificação em seu lote. Em geral, trata-se de uma planta geral que mostra o terreno e inclui a entrada da edificação e, mais importante, a seta de norte.

Existem plantas baixas seletivas, que mostram um único cômodo, e diagramáticas, que representam a edificação como um todo. A quantidade de detalhes presente na planta baixa varia imensamente. É possível mobiliá-la para indicar a escala e o uso do espaço ou os materiais previstos para o interior; também podemos mostrar apenas os espaços, as paredes, portas e janelas. As plantas baixas contêm as informações disponíveis em cada etapa do desenvolvimento do projeto.

1

1. Planta de localização da Casa Eccleston
John Pardey Architects, 2006
A planta de localização desta casa explica a relação entre a edificação e seu contexto imediato. A planta inclui informações sobre a vegetação do entorno, a área de estacionamento disponível, a orientação solar e a relação entre os cômodos da casa e as vistas externas e a paisagem. Quando inserida em seu contexto com vegetação, a configuração da casa passa a fazer sentido.

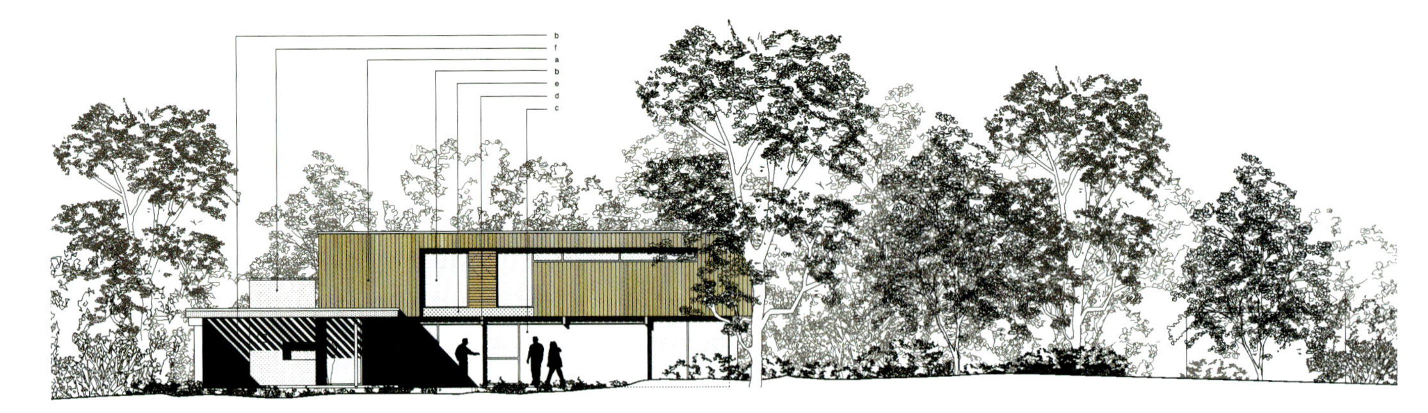

1

1. Elevação da Casa Eccleston
John Pardey Architects, 2006
Aqui o contexto é representado em uma elevação, mostrando claramente a inserção da casa em seu ambiente. A escala do desenho é evidenciada com o uso de calungas e a representação de materiais, sombras e cores. As árvores também esclarecem o tamanho da casa em relação ao contexto imediato.

2. Prancha final de apresentação da Casa Eccleston
John Pardey Architects, 2006
Esta prancha mostra elevações da casa, sua implantação no sítio, a planta baixa do segundo pavimento e duas perspectivas externas. Isso nos dá uma ideia completa do projeto, desde o leiaute interno até a volumetria externa – bem como sua relação com o terreno.

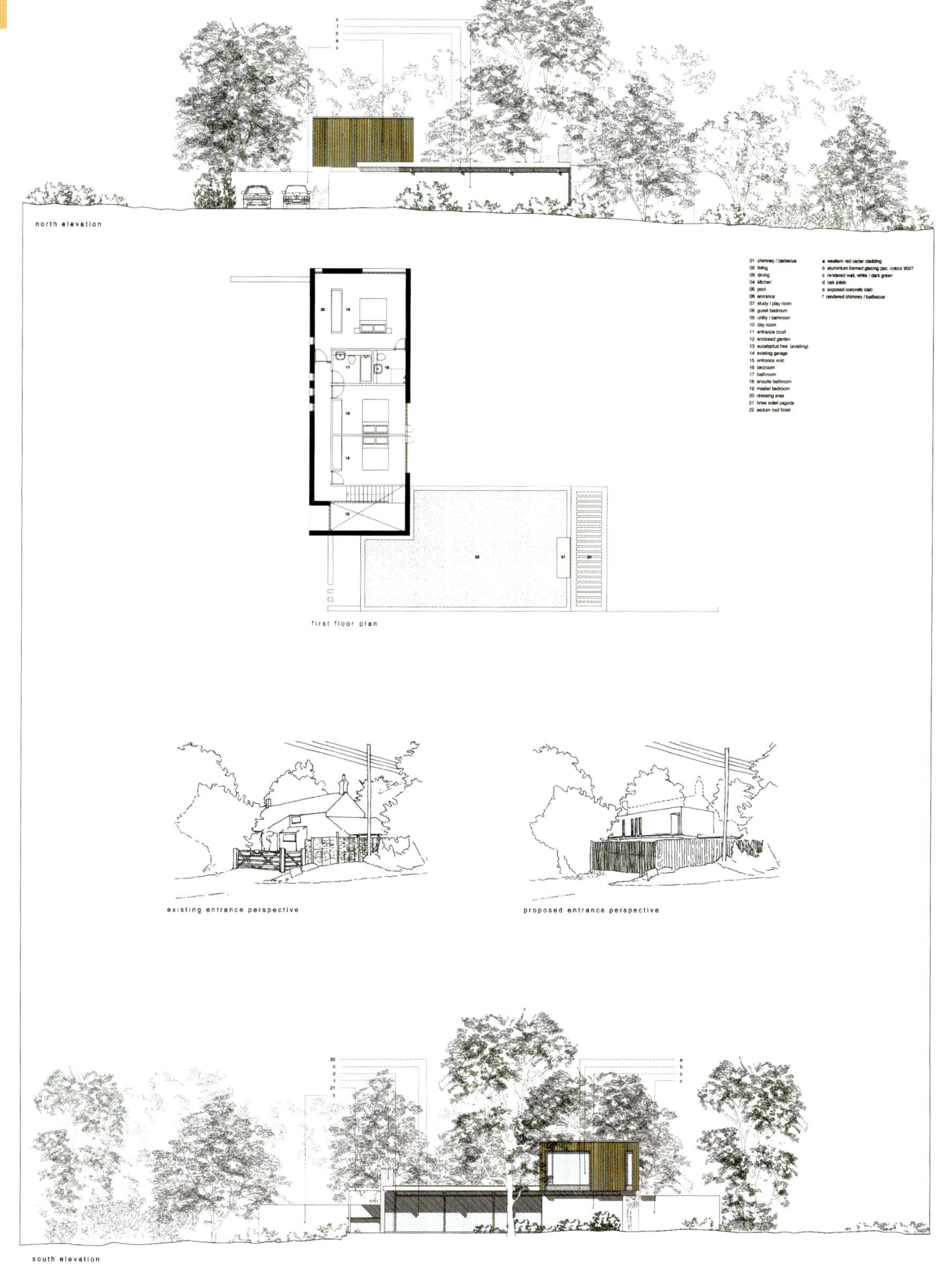
north elevation
01 chimney / barbecue
02 living
03 dining
04 kitchen
05 pool
06 entrance
07 study / play room
08 guest bedroom
09 utility / bathroom
10 day room
11 entrance court
12 enclosed garden
13 eucalyptus tree (existing)
14 existing garage
15 entrance void
16 bedroom
17 bathroom
18 ensuite bathroom
19 master bedroom
20 dressing area
21 brise soleil pagoda
22 sedum roof finish
a western red cedar cladding
b aluminium framed glazing ppc. colour 9007
c rendered wall, white / dark green
d oak joists
e exposed concrete slab
f rendered chimney / barbecue
first floor plan
existing entrance perspective
proposed entrance perspective
south elevation
title: Proposed first floor plan, north + south elevation
status: planning
drawing no: LCE - PP- 05
scale: 1:100
date: Oct 2005
project: Latchmore Corner
revision:
JOHN PARDEY ARCHITECTS
www.johnpardeyarchitects.com

1. Elevação
Esta imagem da longa elevação proposta para um projeto no condado de Mottisfont Abbey, em Romsey, Inglaterra, descreve o prédio e sua relação com a paisagem e o bosque ao fundo.

2. Corte
Este corte permite que a igreja seja entendida em seu contexto, revelando os espaços internos com pé-direito duplo.

3. Croquis
Estes croquis não foram desenhados em escala, mas descrevem ideias de projeto por meio de um corte, planta baixa e perspectiva.

AS ELEVAÇÕES

As elevações mostram as fachadas de edificações ou construções. Elas geralmente são criadas a partir do ponto de vista de cada direção à qual a edificação ou o terreno está voltado (a elevação norte, a elevação oeste, etc.). Esses desenhos nos permitem perceber a profundidade dos planos verticais usando tons que mostram onde as sombras podem se projetar e, consequentemente, afetar a edificação ou o terreno. As elevações são desenhadas com precisão, geometria e simetria matemáticas de modo a determinar o efeito total.

É importante desenhar e ler as elevações em conjunto com a planta baixa, para que se possa conhecer bem o contexto. O posicionamento de uma janela é importante em termos de funcionamento do cômodo, por exemplo, mas ela também está relacionada à elevação e a sua composição como um todo. É necessário que o arquiteto compreenda os espaços e as edificações em diferentes escalas e níveis. Neste exemplo, a janela se relaciona em um nível com o cômodo e, em outro, com a elevação da rua.

OS CORTES

Um corte é uma "fatia" virtual ou seção através de uma edificação, espaço ou objeto. Os cortes possibilitam a compreensão de como os espaços se conectam e se relacionam, algo que as plantas baixas não conseguem fazer tão bem. Um bom exemplo da importância de um corte é para descrever espaços internos com diferentes níveis de piso ou para mostrar a relação entre o interior e o exterior de uma edificação.

3

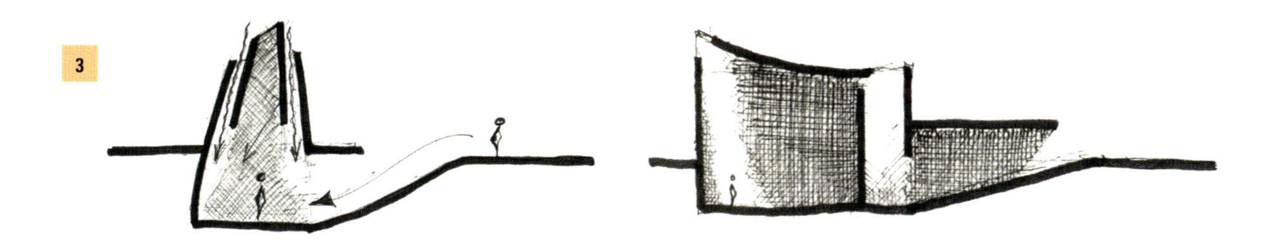

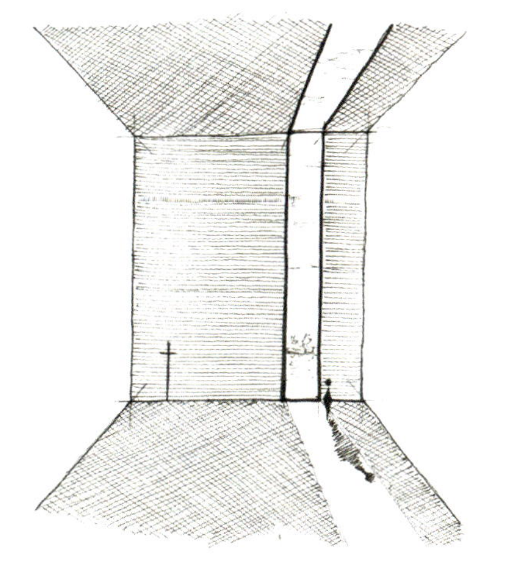

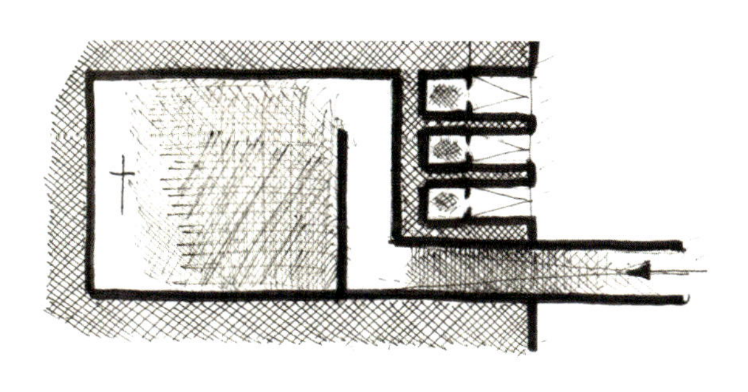

As perspectivas

As perspectivas são entendidas facilmente até por quem não está familiarizado com plantas, visto que se baseiam na noção de ponto de vista (ou perspectiva) de um indivíduo. Elas transmitem uma impressão ou vista "real" de determinado espaço ou local.

O CROQUI EM PERSPECTIVA

Fazer croquis em perspectiva equivale a tentar transmitir uma vista "real". Para esboçar dessa maneira, é preciso antes estudar a vista cuidadosamente e identificar o ponto em que todas as "linhas" de visão parecem se tocar. Esse ponto abstrato é conhecido como ponto de fuga. Para entender tal conceito, o ideal é fotografar um espaço e identificar o ponto em que todas as linhas dentro dele se cruzam. Esse ponto de fuga é usado como referência para a criação de imagens em perspectiva.

Depois de determinar o ponto de fuga, é possível criar linhas convergentes que indiquem as arestas dos elementos do entorno, ou, no caso de um compartimento, distinguir os planos horizontais (como as paredes) dos verticais (como os pisos e tetos). A seguir, outros detalhes podem ser acrescentados à imagem para definir melhor as paredes, portas ou janelas. Com a prática, o desenho de croquis em perspectiva se torna uma atividade muito rápida.

As perspectivas cônicas são mais complexas, já que requerem informações obtidas nas plantas baixas, cortes e elevações.

Todas as representações em perspectiva cônica de ambientes que incluem linhas paralelas têm um ou mais pontos de fuga. As perspectivas com um ponto de fuga se referem aos desenhos que convergem para apenas um ponto – em geral, diretamente oposto ao olhar do observador e na linha do horizonte. As perspectivas com dois pontos de fuga trazem linhas paralelas em dois ângulos diferentes. Quando olhamos para uma casa de uma esquina, por exemplo, uma parede parece diminuir em direção a um ponto de fuga, e a outra, em direção ao segundo ponto de fuga oposto. As perspectivas com três pontos de fuga geralmente são usadas em edificações vistas de cima ou de baixo.

Ainda que pareçam complexas, as perspectivas cônicas realmente oferecem vistas interessantes de espaços e edificações.

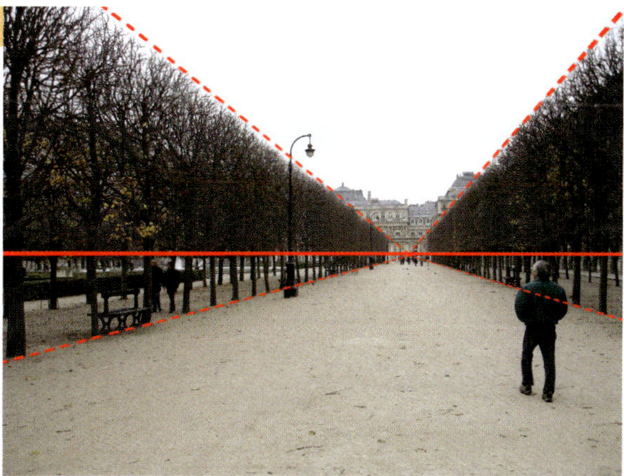

3

1. e 2. Ponto de fuga
Estas imagens mostram as linhas básicas para a construção de uma perspectiva. A linha grossa representa o horizonte e os tracejados marcam todas as linhas de visão que convergem para o ponto de fuga.

3. Croqui em perspectiva
Este croqui demonstra a ideia do "ponto de fuga". A imagem parece desaparecer no centro do desenho. Na realidade, as fachadas desta rua jamais se aproximariam ou se encontrariam, mas, para que o croqui seja convincente, a ilusão do ponto de fuga deve ser aplicada.

As imagens tridimensionais

As imagens tridimensionais transmitem ideias que não podem ser representadas por desenhos bidimensionais – plantas baixas, cortes e elevações. A representação das três dimensões confere profundidade a uma imagem, tornando-a mais realista. Enquanto algumas representações tridimensionais não passam de croquis, outras adotam abordagens mais precisas. As perspectivas axonométricas e isométricas, por exemplo, são construídas geometricamente.

AS PERSPECTIVAS ISOMÉTRICAS

As perspectivas isométricas geram imagens tridimensionais. Nestes desenhos, o comprimento, a largura e a altura são representados por linhas afastadas em 120 graus, e todas as medidas estão na mesma escala.

Para criar desenhos como esses, são necessários plantas baixas, cortes e elevações da edificação ou do espaço (na mesma escala). Em seguida, a planta baixa é girada 30° em relação ao plano horizontal ou vertical. Ao colocar um papel manteiga sobre a planta baixa, você pode redesenhar a imagem em um novo ângulo. Linhas são projetadas verticalmente a partir das arestas da nova planta baixa, de modo a representar a altura da edificação ou do espaço. Todas as dimensões verticais são obtidas nas elevações ou nos cortes e então transferidas para a perspectiva isométrica.

Devido à necessidade de manipulação inicial, a distorção da planta baixa em 30° em relação ao plano horizontal ou vertical torna mais difícil montar perspectivas isométricas que axonométricas (veja a página 116).

As perspectivas isométricas são úteis quando se trata de representar um espaço interno ou uma série de espaços maiores de maneira eficaz, assim como para explicar os detalhes tridimensionais e os desenhos de montagem da construção.

1

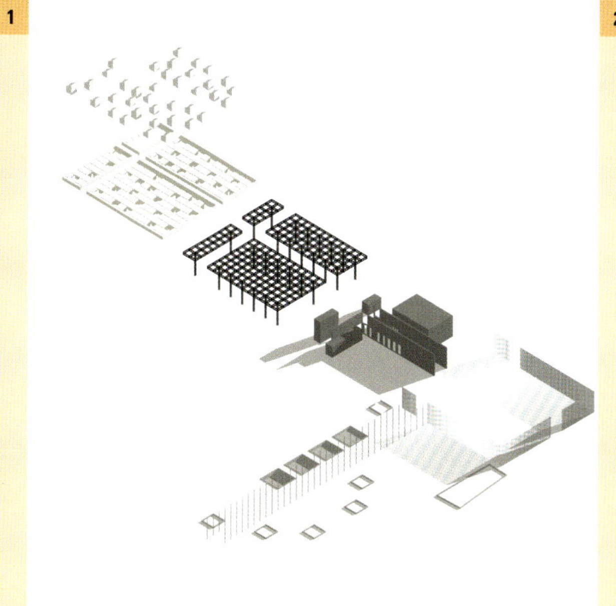

2

1., 2. e 3. Perspectivas isométricas
A representação das três dimensões permite a compreensão de ideias completas de projeto; além disso, os diferentes espaços podem estar relacionados entre si. Estas três imagens mostram várias ideias por meio de perspectivas isométricas.

3

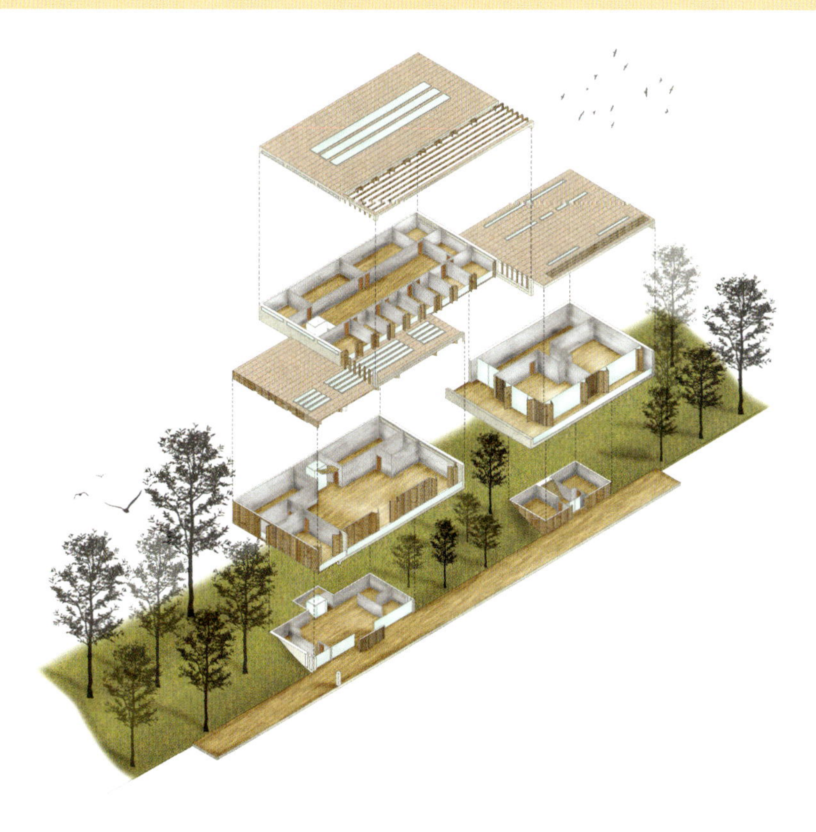

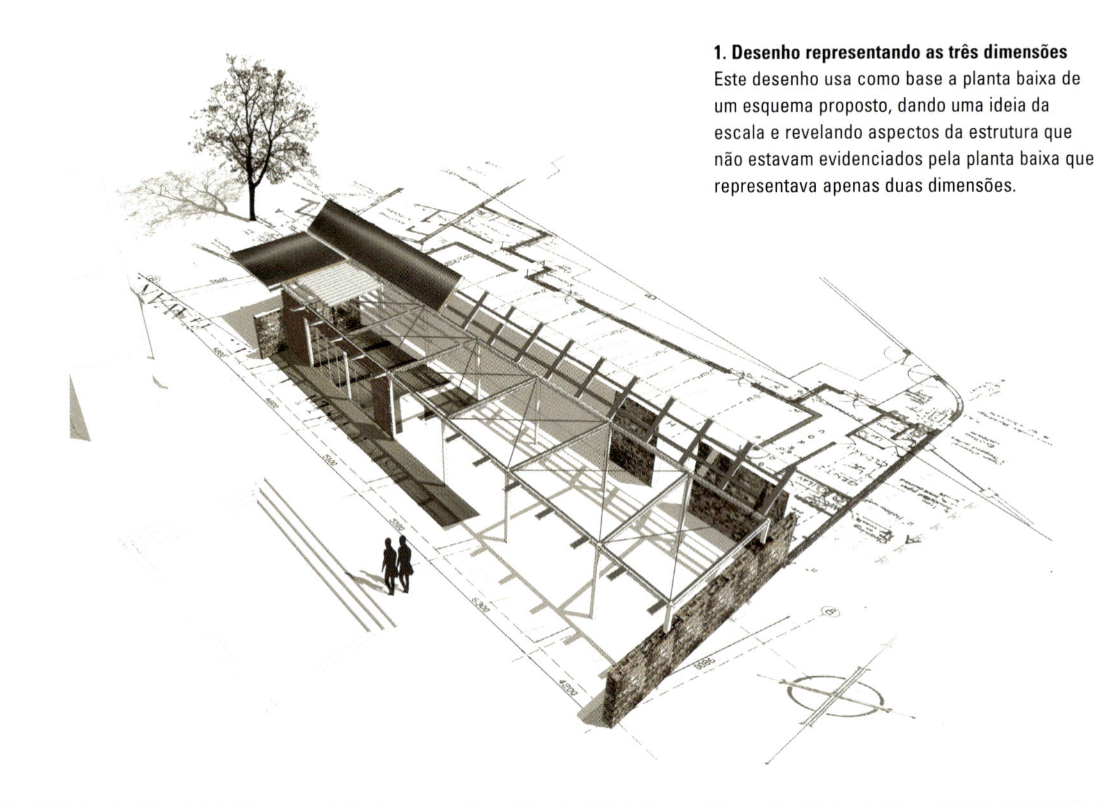

1. Desenho representando as três dimensões
Este desenho usa como base a planta baixa de um esquema proposto, dando uma ideia da escala e revelando aspectos da estrutura que não estavam evidenciados pela planta baixa que representava apenas duas dimensões.

AS PERSPECTIVAS AXONOMÉTRICAS

Produzidas a partir de uma planta baixa, as perspectivas axonométricas geram projeções tridimensionais instantâneas de determinado cômodo ou espaço. Elas são os meios de representação mais simples para quem deseja obter um efeito tridimensional.

Esse tipo de desenho exige plantas baixas, cortes e elevações da edificação ou espaço (na mesma escala). Em seguida, a planta baixa é girada 45° em relação ao plano horizontal ou vertical e redesenhada no novo ângulo. Usando a mesma abordagem das perspectivas isométricas, linhas são projetadas verticalmente a partir das arestas da nova planta baixa; todas as demais medidas são obtidas nas elevações ou nos cortes e transferidas para a perspectiva axonométrica.

Embora a construção de perspectivas axonométricas seja rápida, a imagem resultante – especialmente quando representa a parte externa da edificação – pode fazer com que a cobertura pareça exagerada.

Para mostrar detalhes, o ideal é utilizar as vistas explodidas, isto é, desenhos que parecem ter sido literalmente desmontados. As perspectivas axonométricas explodidas indicam como desconstruir e remontar a edificação.

2. Axonométrica
Este desenho explica uma ideia como uma série de caixas, estruturas e elementos planos.

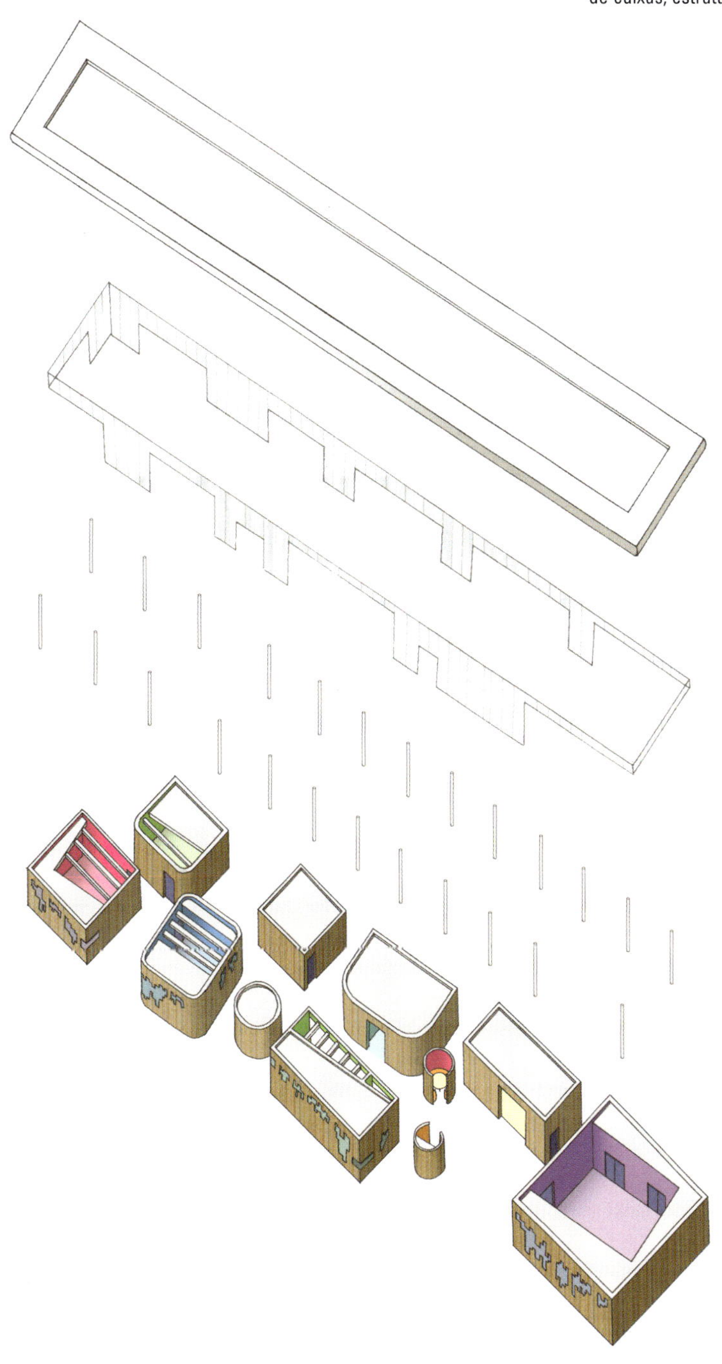

As maquetes convencionais

As maquetes convencionais são outro instrumento para dar três dimensões a uma ideia. Elas podem assumir várias formas, ser feitas com muitos materiais diferentes e estar em inúmeras escalas. Assim como os diferentes tipos de desenho, diferentes tipos de maquete são usados em cada etapa do projeto para esclarecer um conceito ou uma ideia particular.

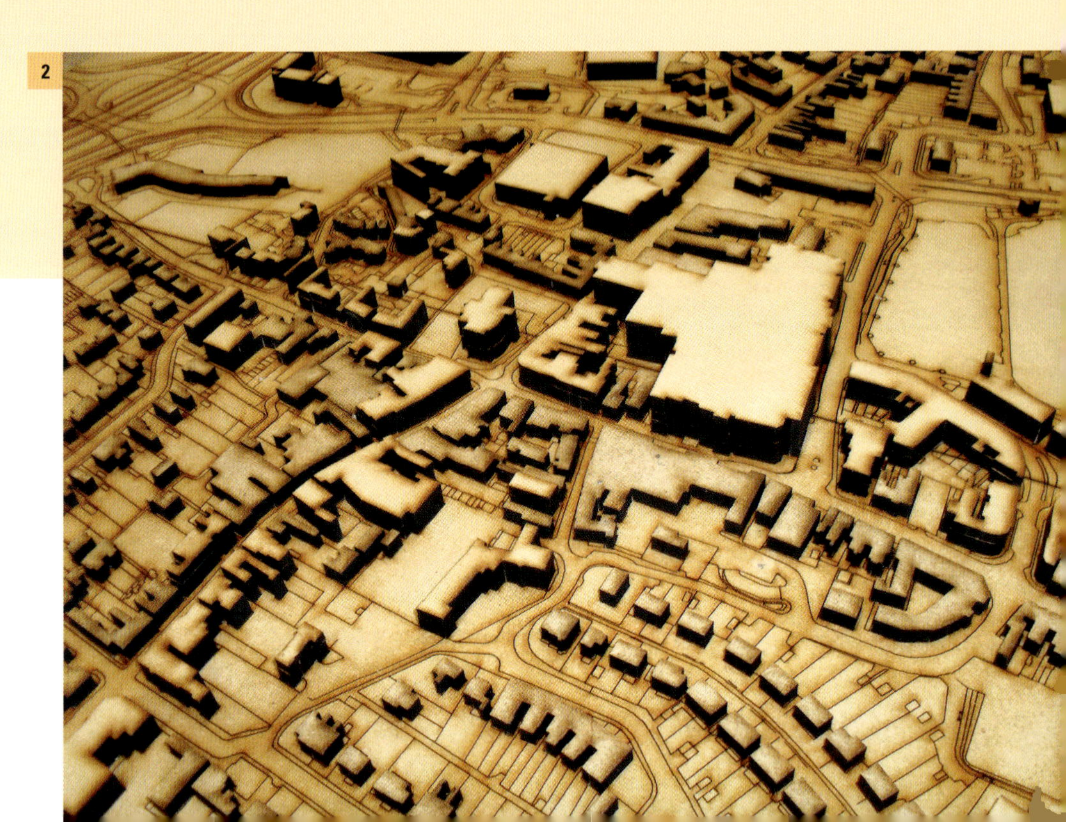

3

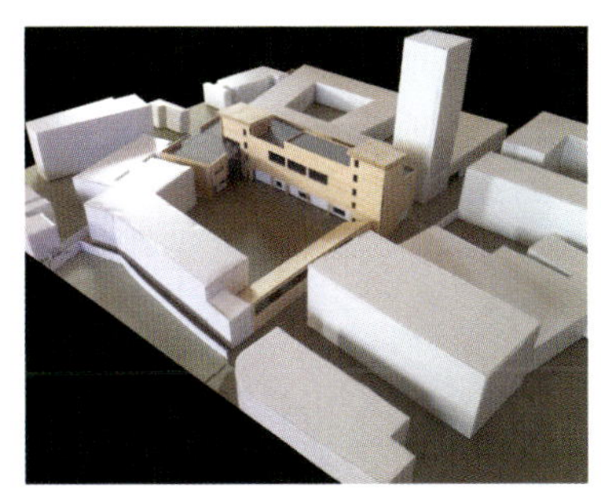

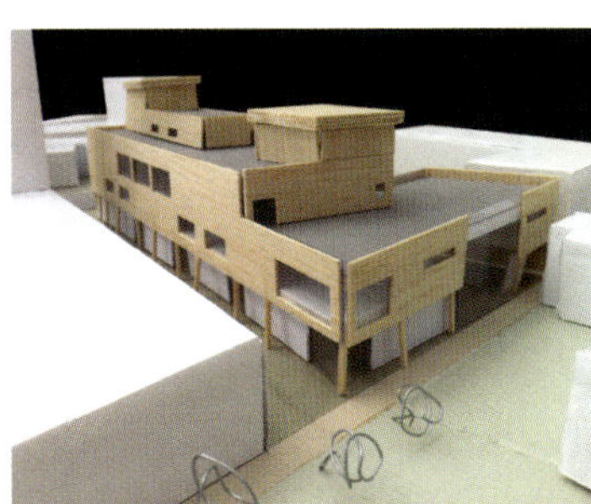

1. Maquete cortada
Uma maquete cortada, na escala de 1:20, revela os aspectos construtivos de um projeto.

2. Maquete de situação
Uma maquete de situação contrasta o projeto proposto com as edificações preexistentes em seu entorno.

3. Maquete do contexto imediato
Esta maquete na escala urbana ilustra a volumetria das edificações de várias alturas existentes em volta da área de intervenção.

Diferentes tipos de maquetes convencionais são empregados nas várias etapas do desenvolvimento de um projeto. Independentemente da maquete, é preciso considerar questões importantes, como sua escala e os materiais utilizados para transmitir a ideia. Na elaboração da maquete, não é necessário usar exatamente os mesmos materiais previstos para o projeto: basta sugerir os acabamentos de maneiras distintas. Às vezes, porém, usar na maquete o material previsto para a construção, como madeira ou argila, pode expressar com consistência o conceito do projeto.

A construção de maquetes de volumes ou massas é rápida. Elas podem ser construídas em escala ou, nos estágios iniciais do projeto, em uma forma mais abstrata, explorando os materiais que poderiam ser usados ou conceitos do sítio. As maquetes de volumes permitem ao arquiteto desenvolver uma noção espacial com rapidez.

As maquetes de conceito usam vários materiais para promover a interpretação exagerada de uma ideia ou conceito. Elas podem ser produzidas em várias escalas e se mostram especialmente úteis no início de um projeto, uma vez que explicam a direção em que a ideia deve seguir. Dessa forma, as informações transmitidas por elas precisam ser claras e concisas.

As maquetes de detalhes exploram aspectos específicos de uma ideia, como a junção de materiais na construção ou, possivelmente, um detalhe interno do prédio acabado. Tais maquetes se concentram em elementos únicos, e não na edificação ou no conceito de arquitetura como um todo.

Já as maquetes urbanas possibilitam entender o terreno no contexto de seu entorno. Nelas, a ideia geral é o principal – e não os detalhes. As maquetes urbanas fornecem informações referentes à localização de elementos-chave e da topografia do terreno. A posição e a escala relativas de tais elementos são considerações muito importantes.

As maquetes finais descrevem a ideia de arquitetura final; nesse caso, a atenção aos detalhes é essencial. Algumas maquetes finais têm coberturas ou paredes que podem ser removidas de modo a descrever aspectos importantes do espaço interno.

As maquetes eletrônicas

As maquetes eletrônicas unem características de imagens em duas e três dimensões. Devido à sua sofisticação, os programas de CAD (projeto assistido por computador) podem ser utilizados em diferentes etapas do projeto, desde o desenvolvimento das ideias iniciais até o detalhamento e a implantação durante a obra. Muitos programas exigem dados de planta baixa e elevação para produzir um conjunto adequado de imagens. Em geral, tais dados incluem uma série de coordenadas ou as medidas de comprimento e altura das paredes com parâmetros específicos.

O CAD tornou mais eficientes muitos aspectos do projeto de edificações. É possível representar, repensar, manipular e revisar ideias e desenhos com rapidez. Muitas maquetes eletrônicas possibilitam a interação com o observador ao promover a "visita virtual" da edificação, o que permite que se façam percursos dentro dos esquemas e se interaja com as diferentes maquetes da edificação.

Existem muitos pacotes de programas, como o AutoCAD, o RealCAD e o SolidWorks, que permitem desenhar elementos como móveis e componentes da construção em formas bi e tridimensionais. Outros programas especializados ajudam a desenhar edificações e a manipular os espaços internos tridimensionalmente. É possível projetar e visualizar cidades inteiras usando um programa de CAD, o que permite entender a inserção da edificação em um sítio ou local específico, assim como seu impacto no entorno.

Os pacotes de renderização possibilitam a inserção de representações realistas dos materiais de acabamento. Outros programas ajudam a medir e desenhar características como sombras, luzes, insolação, desempenho estrutural e desempenho energético da edificação. Cada etapa do desenvolvimento do projeto possui programas especializados distintos que auxiliam a desenvolver e testar a ideia do projeto. O uso de muitos desses programas oferece ferramentas úteis para explorar uma ideia de projeto ou criar uma apresentação do conceito e da experiência de arquitetura completos.

1. Concurso de arquitetura para uma piscina
David Mathias e Peter Williams, 2006
Esta imagem em CAD foi gerada para um projeto de piscina e usa recursos gráficos de computação para dar uma ideia de movimento.

2. Desenho feito com CAD
Este desenho foi elaborado com base em fotografias do local, imagens de um projeto geradas por computador e calungas importados, a fim de conferir escala à representação.

1

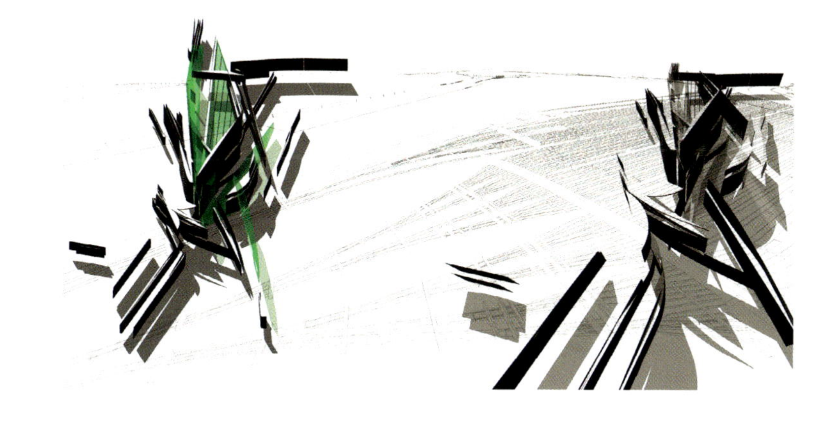

2

O leiaute e a apresentação

O tamanho do papel determina o tamanho dos desenhos encontrados em um portfólio. O Brasil, assim como os países europeus, utiliza o sistema ISO (Organização Internacional para Padronização), o que confere uma sensação de homogeneidade às apresentações em papel. Segundo o sistema ISO, a relação entre altura e largura de todas as páginas é a raiz quadrada de dois (1,4142: 1). Esse valor é a base da seção áurea e da série de Fibonacci.

É preciso considerar muitos fatores em termos de tamanho adequado do leiaute. Os desenhos em escala grande talvez precisem de mais espaço físico para serem apresentados; além disso, às vezes é necessário mostrar em escala grande os desenhos que devem causar impacto. Os desenhos em escala menor serão evidentemente menores, exigindo menos espaço físico.

É essencial que o tamanho do desenho acomode confortavelmente a imagem na escala adequada. Os fatores que mais afetam a escolha do leiaute incluem a escala real do desenho, o público-alvo ou leitor do desenho e a clareza das informações escritas que acompanham o desenho (como título, escala gráfica e seta de norte – todos fundamentais), além do requisito de que a quantidade de informação de apoio não distraia o leitor ou observador.

Também é importante considerar a orientação da página na horizontal (orientação "paisagem") ou na vertical (orientação "retrato"). A escolha deve estar relacionada aos outros desenhos (quando a apresentação faz parte de uma série de imagens) e à melhor orientação para a leitura da prancha.

A Série de Fibonacci

0, 1, 1, 2, 3, 5, 8, 13, 21, 34, 55, 89, 144, 233,

Como construir um retângulo áureo

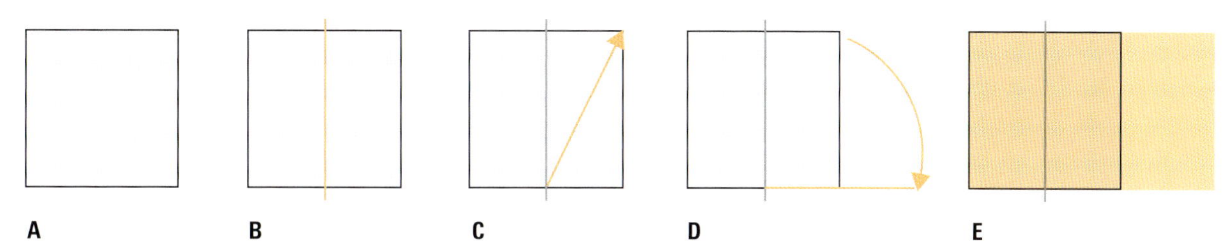

A construção do retângulo áureo

A ilustração acima mostra a sequência de construção de um retângulo áureo. Inicie com um quadrado (A) e divida-o em dois (B). Depois forme um triângulo (C), desenhando uma linha que vai da base da bissetriz até a quina superior direita do quadrado inicial. Utilizando um compasso, risque para baixo e gere um arco dessa quina até a linha-base (D) e trace uma reta perpendicular à linha-base, a partir do ponto no qual o arco a intercepta. Complete o retângulo áureo prolongando a reta superior paralela à linha-base e traçando uma linha perpendicular para o fechamento da figura geométrica (E).

A seção áurea (ou proporção áurea)

A seção ou proporção áurea é um número irracional – aproximadamente 1,618 – que apresenta muitas características interessantes. As formas definidas pela seção áurea são consideradas há muito tempo como tendo valor estético nas culturas ocidentais, refletindo o equilíbrio da natureza entre simetria e assimetria e a antiga crença pitagórica de que a realidade é uma realidade numérica. Alguns estudos da Acrópole de Atenas, inclusive do Partenon, concluíram que muitas de suas proporções se aproximam daquelas da seção áurea. A fachada do Partenon, por exemplo, pode ser circunscrita em retângulos áureos.

A série de Fibonacci

Fibonacci, também conhecido como Leonardo de Pisa, nasceu na cidade de Pisa, Itália, por volta de 1175, e é considerado um gênio da teoria da matemática. Ele desenvolveu a chamada Série de Fibonacci, na qual cada número consecutivo é a soma dos dois números que o precedem (1, 2, 3, 5, 8, 13, 21, 34, 55, 89, 144, etc.). À medida que a série prossegue, a razão do número de Fibonacci dividido pelo número imediatamente anterior se aproxima cada vez mais de 1,618, a proporção áurea.

7, 610, 987, 1.597, 2.584, 4.181, 6.765, 10.946

Os storyboards

A técnica do storyboard é utilizada com frequência por cineastas e animadores, mas também é interessante para os arquitetos que desejam comunicar uma sequência para uma ideia de projeto. Trata-se de uma ferramenta muito útil para projetistas, pois usa legendas e incorpora comentários e espaços para sugerir cenas e atividades. O storyboard representa o espaço e o tempo em duas dimensões.

1

1. Criação do storyboard de um percurso
Estas imagens legendadas descrevem um percurso através de uma série de espaços urbanos. Um storyboard é uma maneira fácil de relacionar uma série de imagens e ajuda a sugerir uma narrativa ou um trajeto que se desenvolva ao longo do tempo.

A indústria cinematográfica usa storyboards para criar leiautes para cenas, reunindo a história, o texto e o cenário como um projeto de narrativa.

Em geral, a estrutura do storyboard é composta por uma série de quadros que são preenchidos com croquis, de modo a descrever os personagens e eventos envolvidos na narrativa. Além disso, os croquis soltos são rodeados por anotações que oferecem mais detalhes sobre cada cena. Esse nível de detalhamento pode descrever movimentos ou ações e contém mais informações sobre o ambiente físico do entorno. A conexão entre os quadros também é importante, uma vez que ela deve amarrar a história.

A técnica do storyboard é muito útil para os arquitetos, pois possibilita explicar como os eventos provavelmente ocorrerão dentro da arquitetura ao longo do tempo. Utilizar a edificação como um pano de fundo, onde possíveis eventos podem ocorrer, é uma maneira útil de planejar apresentações e de sugerir conceitos e ideias de arquitetura como se eles fizessem parte de uma narrativa ou história.

Os portfólios

O portfólio funciona como coletânea e registro de trabalho. No caso de arquitetos, ele deve atender a uma série de exigências específicas e é, por si só, um "projeto". Os portfólios podem assumir diferentes formatos e precisam conter uma grande variedade de técnicas de representação de modo a explorar e apresentar ideias de arquitetura por completo. Alguns incorporam croquis para explicar conceitos, desenhos ortográficos (como plantas baixas, cortes e elevações), desenhos em escala e com medidas, imagens abstratas, fotografias de maquetes convencionais ou maquetes eletrônicas. Os portfólios são como narrativas que contam a história do conjunto de seus trabalhos; antes de elaborar um, é essencial conhecer seu público-alvo.

OS PORTFÓLIOS TRADICIONAIS

Os portfólios tradicionais geralmente são produzidos em formato A1 (594 x 841 mm), embora portfólios em formato A3 (297 x 42 mm) possam ser empregados em apresentações mais concisas. No entanto, o tamanho do portfólio é determinado pelo leiaute escolhido e pelo público-alvo.

É possível produzir, revisar e adaptar portfólios para diferentes fins. Os portfólios acadêmicos são coletâneas de trabalhos produzidos em uma disciplina específica. Os portfólios profissionais, por sua vez, podem ser utilizados para apresentar ideias a um cliente ou possível empregador. Outros portfólios são mais pessoais e permitem apresentar um conjunto de obras ou um projeto específico.

Independentemente do público-alvo ou objetivo do portfólio, as informações apresentadas em seu interior devem ser claras, e o conteúdo, editado e planejado com cuidado. Nos casos em que o portfólio precise ser visto sem outros materiais de apoio (em um concurso de arquitetura, por exemplo), a clareza e a representação exata são cruciais.

Dicas de como preparar um portfólio

1. Use uma técnica de leiaute (como o storyboard) para planejar e organizar o conteúdo do portfólio.
2. A orientação das folhas que contêm as imagens é muito importante. Lembre-se de que o portfólio deve ser lido como um livro, fazendo com que páginas duplas (ou seja, duas folhas que são lidas como uma só) sejam necessárias.
3. A sequência dos desenhos é importante para contar com precisão a história da edificação ou projeto, desde a concepção até os detalhes finais.
4. O ideal é que o observador não precise se mover para ler o trabalho.

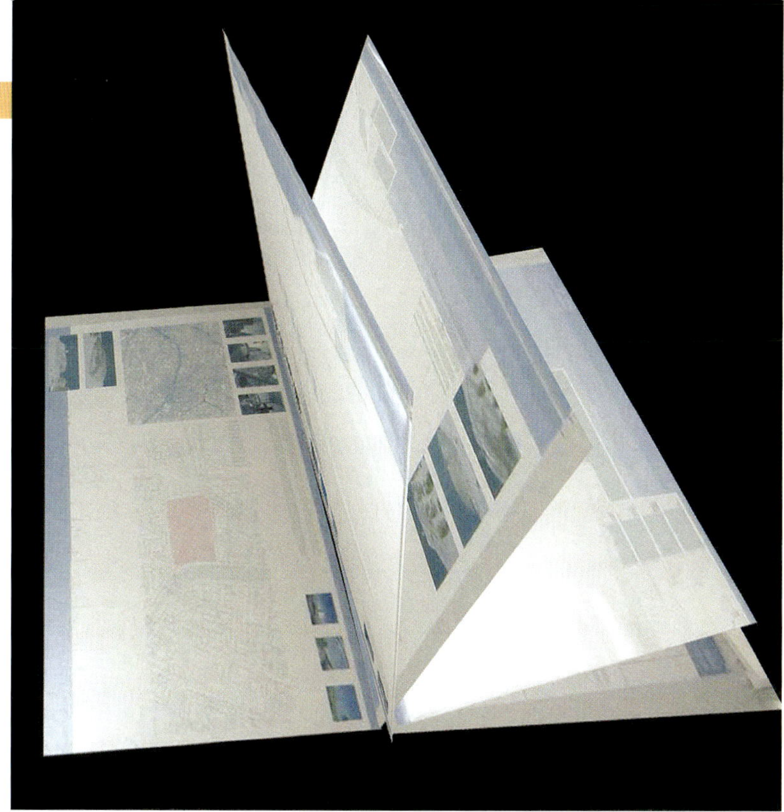

1. O portfólio de um aluno
Este é um portfólio no formato A1, mostrando como duas páginas na orientação paisagem podem se conectar quando abertas.

2. O projeto de um portfólio
O leiaute de um portfólio deve ser planejado e seu conteúdo, organizado, para garantir que todas as obras apresentadas possam ser lidas como uma história, com início, meio e fim.

3. O uso de storyboard*s*
Os storyboard*s* podem ser usados no planejamento do leiaute de um portfólio e para dar uma ideia geral de seu conteúdo. Este é um estudo de leiaute que organiza um portfólio como uma série de páginas em progressão lógica.

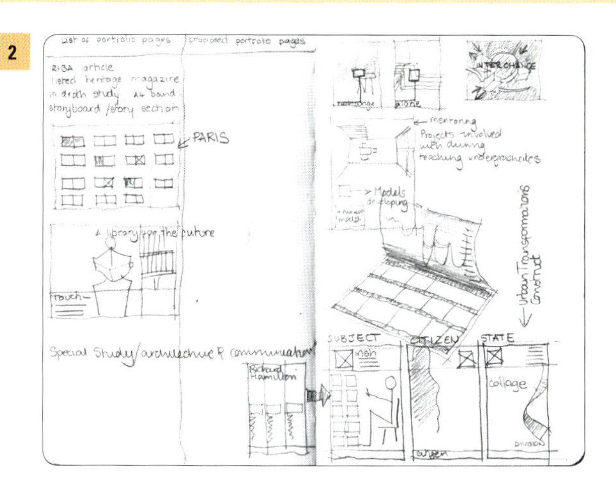

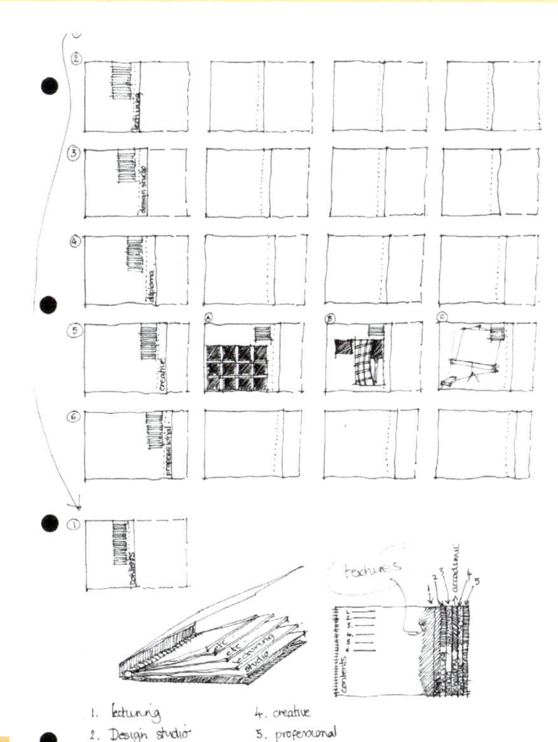

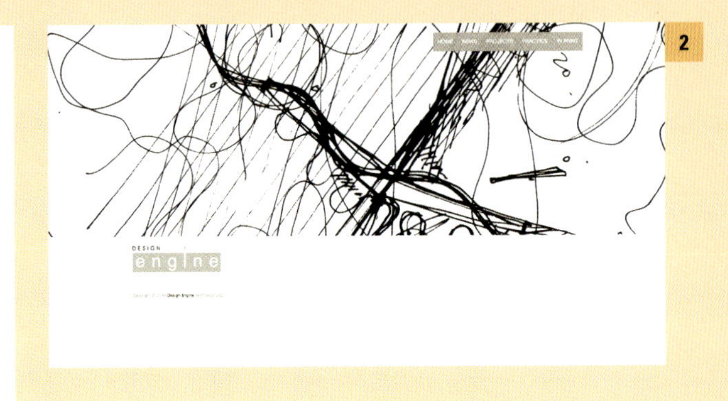

OS PORTFÓLIOS ELETRÔNICOS

Os portfólios eletrônicos usam meios digitais para produzir CDs que podem ser projetados ou visualizados em computador. Tais portfólios são construídos mediante o uso de programas adequados (como o Microsoft PowerPoint®, por exemplo). Para compilar portfólios eletrônicos, as imagens que serão apresentadas precisam existir em formato digital. Isso significa que talvez seja necessário fotografar digitalmente maquetes convencionais para então trabalhá-las e editá-las no Adobe PhotoShop; alguns desenhos feitos em CAD também são editados novamente para serem incluídos em portfólios eletrônicos.

Uma das considerações mais importantes é o meio de apresentação de tal coletânea de imagens. Elas serão visualizadas na tela do computador ou projetadas em uma escala muito maior? A qualidade, a resolução e o tamanho das imagens precisam ser ajustados de acordo com o público-alvo e a maneira como será visualizado o material.

Alguns portfólios estão disponíveis na Internet para serem visualizados ou baixados por qualquer um com acesso à rede.

1. John Pardey Architects
www.johnpardeyarchitects.com
Uma série de pequenas imagens descreve a diversidade de projetos elaborados pela firma John Pardey Architects, que vão desde residências particulares até grandes planos diretores. Cada série de imagens traz links para vários desenhos que explicam o projeto em detalhes.

2. Design Engine Architects
www.designenginearchitects.co.uk
Este portfólio colocado na Internet apresenta uma série de opções na página principal, identificando quatro projetos de arquitetura importantes.

3. Panter Hudspith Architects
www.panterhudspith.com
Este site apresenta imagens significativas em todas as páginas, todas acompanhadas por um texto descritivo bastante objetivo. O menu do site ajuda o usuário a navegar pela grande diversidade de projetos.

4. Re-Format
www.re-format.co.uk
A Re-Format tem um site fácil de navegar que contém informações, imagens e conceitos sobre cada um de seus projetos. O site também inclui um blog com notícias e discussões.

5. Make
www.makearchitects.com
Make usa imagens animadas em sua página para criar um poderoso efeito visual. Pequenos menus em cascata, com imagens, disponibilizam para o visitante informações adicionais sobre os projetos.

panter hudspith architects
studio people projects contact
arts
education
leisure
mixed-use &
masterplanning
offices
residential
retail
christ's lane. cambridge
davygate. york
princesshay. exeter
tunbridge wells. kent
3
4
RE–
FORM
Re-Format is a multi-disciplinary
design studio specialising in
Architecture and Graphic Design
AT

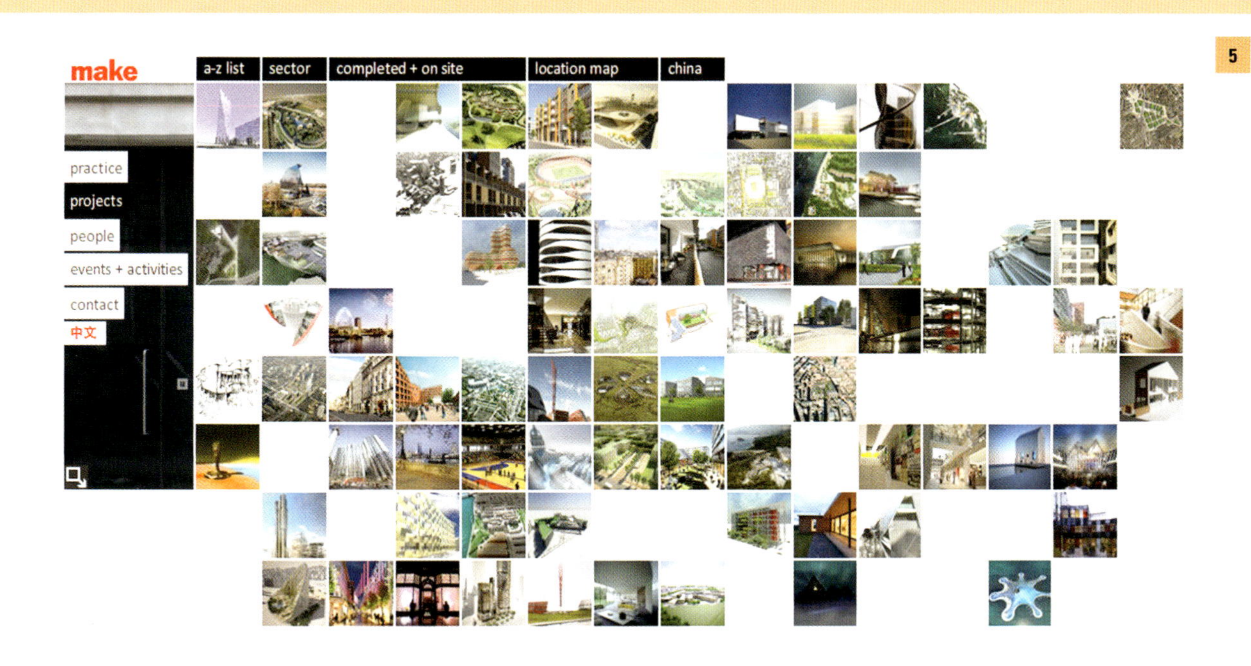
5
make
a-z list
sector
completed + on site
location map
china
practice
projects
people
events + activities
contact
中文

Uma renovação

Projeto: Departamento de Filosofia, Universidade de Nova York

Arquitetura: Steven Holl Architects

Cliente: Universidade de Nova York

Localização/data: Nova York, Estados Unidos / 2007

Há muitas maneiras de descrever um projeto de arquitetura, particularmente na fase de construção. Os arquitetos utilizam os desenhos de detalhes para explicar como a edificação será executada pelos construtores e empreiteiros. Croquis também podem ser empregados para descrever espaços, ideias e detalhes.

Na etapa de detalhamento, a firma de Steven Holl utiliza croquis que sugerem a atmosfera prevista para os espaços. Esses croquis às vezes incluem anotações feitas à mão, para explicar um conceito ou uma ideia. A adição de desenhos feitos à mão livre a outros tipos de desenhos a traço é um modo excelente de apresentar ideias de arquitetura. Um croqui pode tornar mais dinâmicos os rígidos desenhos a traço, que podem estar em escala.

Um croqui também pode ser visto como uma resposta mais pessoal a uma edificação; ele próprio pode se tornar uma interpretação da construção, como no caso dos croquis em perspectiva.

A Steven Holl Architects foi contratada pela Faculdade de Artes e Ciência do Departamento de Filosofia da Universidade de Nova York para remodelar completamente o interior de um edifício histórico de esquina em Washington Place, Nova York. O prédio original data de 1890 e faz parte do campus principal da Universidade de Nova York, em Greenwich Village. Ele está localizado em um distrito histórico de Nova York e está sujeito a uma série de restrições legais de caráter preservacionista, condicionando as intervenções.

O conceito do projeto era tentar organizar os espaços internos do prédio em torno de um ponto de iluminação zenital, bem como investigar os materiais fenomenologicamente, ou seja, explorando a experimentação dos materiais e suas características sensoriais. Esse programa permitiu ao arquiteto desafiar a edificação existente e estabelecer um diálogo entre o antigo e o novo.

A fim de criar uma nova dinâmica dentro do prédio, foi inserida uma nova caixa de escada, permitindo que a luz zenital descesse pelos seis pavimentos. A caixa de escada voltada para o sul (hemisfério norte) foi revestida com uma película prismática, criando um efeito de arco-íris no interior, à medida que a luz se transforma ao longo do dia.

1. Croqui com base em um corte da edificação
Este desenho mostra a ideia da luz que entra pelo prédio e age conceitualmente como uma conexão vertical para o projeto.

1

NEW LIGHT
ROOF GARDEN
6TH FLOOR
6TH floor MAIN DESK
5TH FLOOR
4TH FLOOR
3RD FLOOR
2ND FLOOR
1ST FLOOR
GRAD STUDENT OFFICE
WOOD & CORK "RAFT"
SOUTH STAIRS
STUDY 02
RISER 7"
THREAD 11"
4
26
65
S.H.
CONCEPT: VERTICAL CONNECTIONS IN LIGHT

1. O saguão aberto do pavimento térreo
A estrutura preexistente do antigo prédio, do século XIX, ainda pode ser reconhecida no interior renovado.

2. O espaço do pavimento térreo
Os espaços de socialização dos estudantes, no pavimento térreo, relacionam-se intimamente com a rua.

3. Superfícies perfuradas
As paredes com orifícios agregam dinâmica à iluminação interna.

Um ponto de interseção

O pavimento térreo, uma área importante utilizada pela universidade inteira, serve para conectar todas as áreas do prédio. Além de ser o ponto de entrada e saída, ele é uma interseção e local de circulação, além de um importante espaço de convívio que mantém uma forte relação visual com a rua.

No pavimento térreo, foi inserido um novo auditório de madeira de forma curvilínea, que contrasta com o prédio que o abriga em termos de material e formas. Vários textos de filosofia decoram os escritórios da faculdade nos pavimentos superiores, incluindo *Anotações sobre as cores*, de Ludwig Wittgenstein. A ideia é que as paredes também possam inspirar alguns pensamentos filosóficos.

1

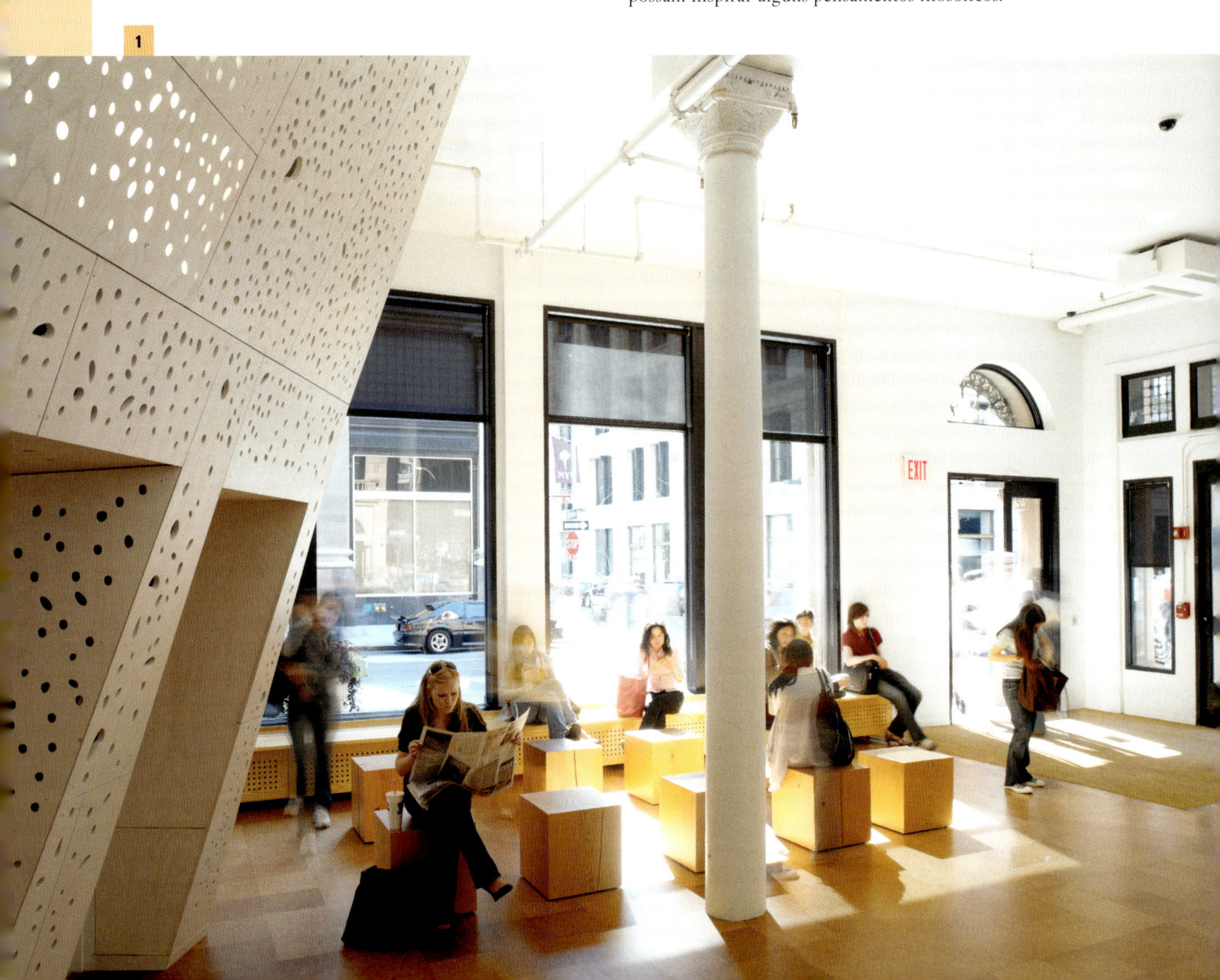

2

3

Exercício: Uma fotomontagem

Às vezes, uma ideia de fotografia precisa ser inserida em uma vista real de um terreno. Essa é uma maneira efetiva de sugerir como será o provável aspecto de um prédio em seu terreno.

A fusão de uma imagem real ou fotográfica do terreno com uma representação gráfica do prédio proposto e a adição posterior de objetos como árvores e itens do mobiliário urbano, que têm a função de conferir escala ao desenho, é uma maneira interessante de comunicar uma ideia de projeto.

Para fazer este exercício:

1. Selecione uma imagem de fundo e coloque-a no programa Adobe Photoshop.

2. Torne a imagem preta e branca.

3. Faça um esboço do prédio proposto que possa ser digitalizado e editado na cena.

4. Importe o croqui e apague seu fundo branco.

5. Introduza cores e o céu por meio dos ajustes de transparência das *layers* (camadas).

6. Insira imagens de árvores no primeiro plano e ajuste-as com o uso de ferramentas de transparência.

7. Cole uma série de imagens de pessoas, animais, pássaros, balões, etc. Se você quiser, preencha as pessoas com cores para reforçar suas silhuetas e ajuste as transparências.

8. Para completar a imagem, ajuste o brilho e contraste e acrescente alguns filtros, caso seja necessário.

1. Interpretações do prédio da Prefeitura de Londres (Administração Metropolitana), Londres, Inglaterra
Foster and Partners
Esta série de imagens da Prefeitura de Londres foi trabalhada, a fim de mostrar várias impressões do prédio.

1

Capítulo 5
As Ideias Contemporâneas

Dentro dos parâmetros deste livro, as ideias contemporâneas em arquitetura se referem àquelas que surgiram durante os séculos XX e XXI. A arquitetura é bastante influenciada pelo Zeitgeist (o "espírito da época"), mas, quando comparada a outras manifestações culturais, como arte, desenho de produtos ou tecnologia, suas reações são muito mais lentas. Não raro, edificações ou monumentos públicos grandes demoram uma década ou mais para serem concebidos, desenvolvidos e construídos. Até edificações menores, em escala doméstica, que costumam ser representativas do estilo de vida e da moda de sua época, não costumam ser executadas imediatamente.

1. Museu das Artes do Século XXI (MAXXI), Roma, Itália
Zaha Hadid Architects, 1998–2009
Os espaços internos do Museu MAXXI parecem ter sido esculpidos pelas formas de concreto ao seu redor. Para conhecer melhor esse museu, veja o estudo de caso nas páginas 156–159.

1

As ideias e os princípios universais

Existem ideias e conceitos universais que transcendem estilos e épocas, afetando a arquitetura de diversas maneiras. Tais ideias e conceitos foram divididos em três grupos: geometria, forma e percurso. Dentro de cada grupo, é possível definir ou descrever a maior parte da arquitetura.

Neste contexto, a geometria descreve o ordenamento e a organização dos espaços de acordo com princípios geométricos. Ela pode afetar a planta baixa, a elevação ou o corte da edificação, além de elementos individuais, como as portas e janelas.

A simetria é um sistema de organização que reflete plantas baixas ou elevações em torno de uma linha ou eixo central. O eixo conecta dois ou mais pontos definidos e pode controlar elementos como portas e janelas (que influem em experiências como vistas e panoramas, bem como nas entradas e saídas das edificações).

A proporção se refere à relação entre as partes e o todo. No caso da arquitetura, a proporção representa a relação da escala com a hierarquia de uma edificação ou de seus elementos em relação à forma total.

1

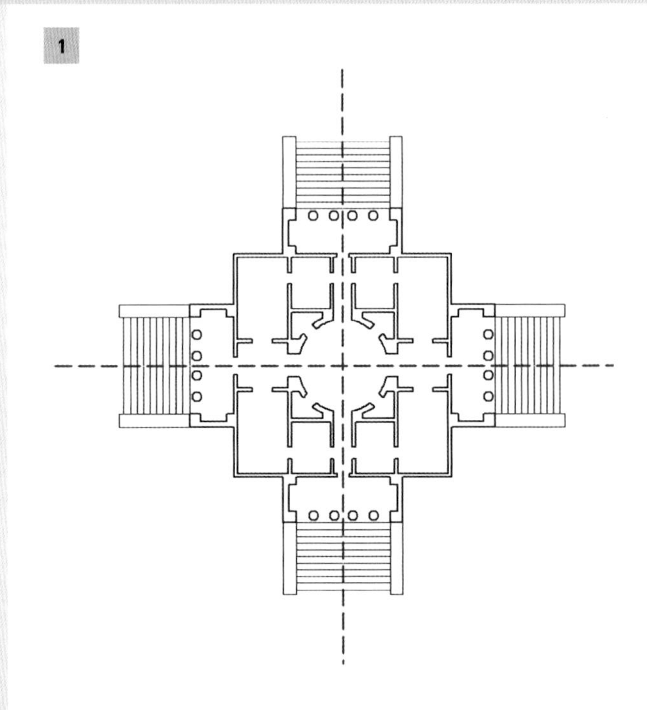

1. Planta baixa da Vila Rotonda
Andrea Palladio, 1550
Na arquitetura, a simetria simboliza os princípios matemáticos racionais. As plantas baixas da Vila Rotonda (Vila Capra), criada por Andrea Palladio, revelam uma simetria bilateral em duas direções. As linhas vermelhas indicam os eixos de simetria que cruzam o ponto central da vila.

2

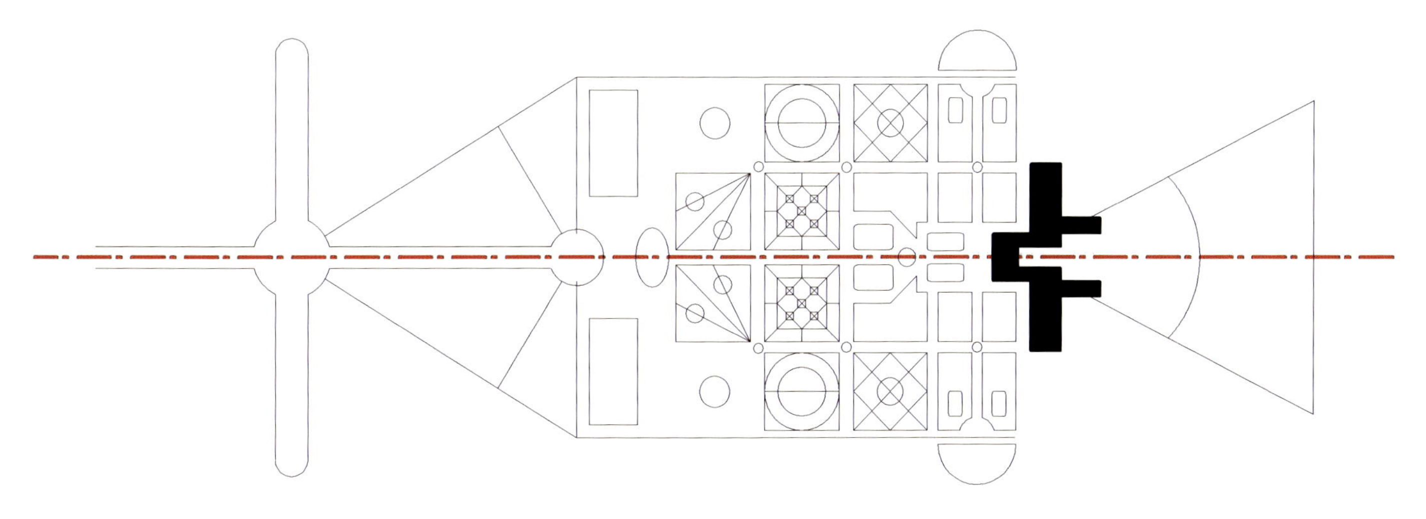

3

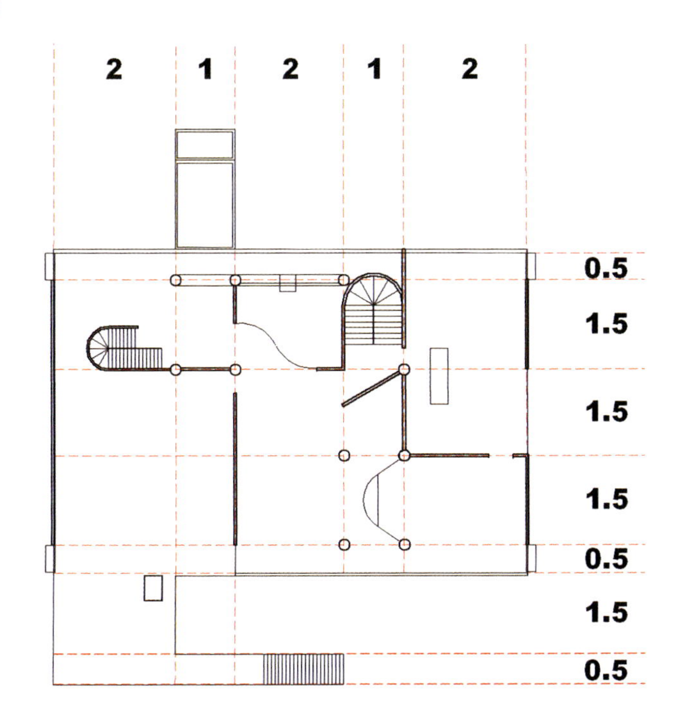

2. Planta de localização do Palácio de Versalhes, França
Louis Le Vau
Esta planta do Palácio de Versalhes mostra as relações entre o prédio (projetado pelo arquiteto Louis Le Vau) e os jardins (do arquiteto paisagista André Le Notre), e evidencia a forte simetria em relação ao eixo central. Dentro de cada um dos jardins com canteiros, há outros padrões simétricos. As linhas em vermelho indicam o principal eixo organizador tanto do castelo como do jardim.

3. Planta baixa da Vila Stein, Garches, França
Le Corbusier
O padrão aparentemente irregular da Vila Stein, de Le Corbusier (situada em Garches, na França), é determinado por um sistema de proporções geométricas precisas que usa uma grelha modulada. Os números do desenho se relacionam com o módulo usado tanto nas plantas baixas como nas elevações da casa, criando um ritmo.

1

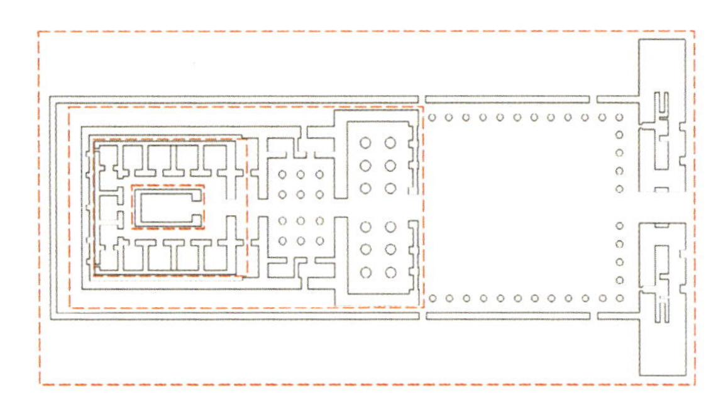

1. Planta baixa do Templo de Hórus
Este templo egípcio, cujo projeto é atribuído a Ptolomeu III e data de 237–57 a.C., é composto por um santuário interno circundado por uma série de paredes protetoras, além de pátios e saguões com colunatas. Sua planta baixa é lida como uma série de camadas em torno de um espaço central protegido.

2

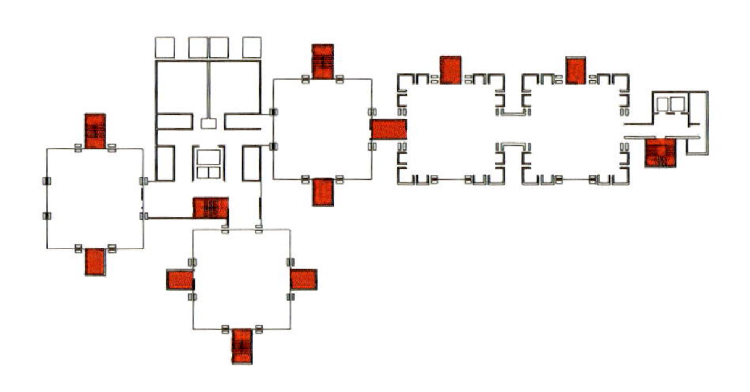

2. Planta baixa do Centro Médico Richards, Filadélfia, Estados Unidos
Louis Kahn
Uma das principais ideias defendidas por Louis Kahn era a distinção entre espaços "servidos" e "serventes". O Centro Médico Richards, situado na Filadélfia, Estados Unidos, exemplifica esse ideal. As salas de trabalho com paredes de vidro são "servidas" por chaminés de tijolo independentes e separadas. Cada espaço "servido" possui uma estrutura independente com um conjunto completo de apoios, assim como uma fonte própria de iluminação natural.

A FORMA

É possível expressar conceitos de arquitetura usando termos simples que caracterizam a forma ou o volume da edificação. Algumas formas são dinâmicas, escultóricas e fortemente influenciadas pela aparência externa do prédio. Essa categoria de ideia de projeto é descrita como "a função segue a forma". Outras formas são mais práticas, determinadas pelas atividades internas ou propósito da edificação. Tais ideia são descritas como aquelas em que "a forma segue a função".

A expressão *servant served* ("servidos pelos serventes") era usada por Louis Kahn para descrever as diferentes categorias de espaço no interior das edificações, incluindo desde moradias em pequena escala até edifícios cívicos em grande escala. Os espaços serventes são usados de modo funcional, como depósitos, banheiros ou cozinhas – ou seja, todos os espaços necessários para que as edificações funcionem adequadamente. Os espaços servidos podem incluir salas de estar, salas de jantar ou escritórios – os espaços servidos pelas áreas serventes. Esse conceito se torna bastante útil na hora de entender a organização de determinada edificação.

Louis Kahn 1901–1974
Nascido na Estônia, Kahn cresceu em Nova York, mas se manteve fiel à arquitetura clássica europeia. Além de se interessar pelos materiais e suas relações com a forma, Kahn era fascinado pelas noções de espaços servidos e serventes, juntamente com suas respectivas hierarquias na planta baixa das edificações.

As edificações mais importantes projetadas por ele incluem a Galeria de Arte Yale, em Connecticut, Estados Unidos; o Centro Médico Richards, na Filadélfia, Estados Unidos; o Museu de Arte Kimbell, no Texas, Estados Unidos; e o Edifício da Assembleia Nacional em Dhaka, Bangladesh.

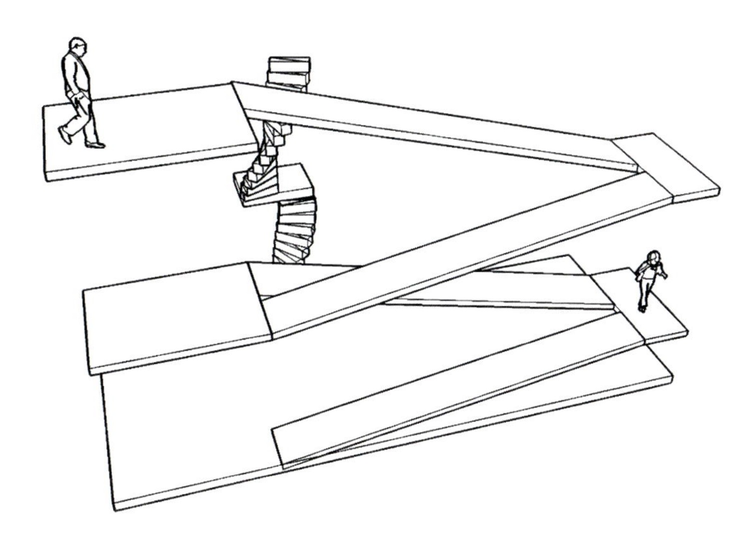

3. Desenho da Vila Savoye, Paris, França
Le Corbusier
Le Corbusier ritualizou o percurso em torno e dentro da Vila Savoye, usando rampas e escadas para relacionar o movimento em torno da casa com a paisagem e as vistas emolduradas. *Enfilade* (um termo francês que significa "enfiar") se refere a um conjunto de compartimentos cruzado através de portas alinhadas. A Vila Savoye foi planejada dessa maneira, de modo que os recintos também se conectam e se abrem, formando um percurso pela casa.

4. Planta baixa do Palácio de Versalhes, França
Louis Le Vau
Esta planta baixa do Palácio de Versalhes é um bom exemplo de planejamento em *enfilade*; ela incorpora uma série de compartimentos conectados por um eixo.

O PERCURSO

Os percursos em uma edificação são importantíssimos. O caminho até a porta de entrada será a primeira impressão que o visitante terá da arquitetura. Depois, a maneira como o percurso continua dentro da edificação, as relações entre o exterior e o interior e os diferentes níveis de piso também contribuirão para a arquitetura da edificação.

Em alguns prédios, como museus e galerias de arte, o percurso às vezes é projetado como parte do conceito de arquitetura. O percurso através da edificação pode facilitar a compreensão e aprimorar o contato com as obras de arte ou artefatos. As edificações também podem ter fortes relações com os percursos ou rotas em volta delas; uma calçada, por exemplo, pode promover o movimento em volta de uma edificação ou construção.

4

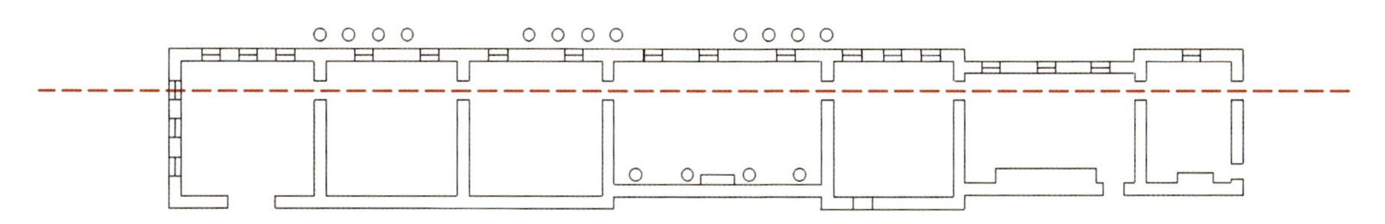

O Funcionalismo

A frase "a forma segue a função" foi cunhada pelo arquiteto norte-americano **Louis Sullivan**. Ela descrevia uma maneira de redirecionar a arquitetura, seguindo a premissa de que a forma de qualquer edificação deve ser definida pelas atividades que serão realizadas em seu interior – e não por precedentes históricos ou ideais estéticos. Sullivan projetou os primeiros arranha-céus do mundo tendo em mente os princípios de projeto funcionalistas. O conceito de Funcionalismo foi aprimorado pelo arquiteto austríaco Adolf Loos. Ele considerava o "ornamento um crime", afirmando que o ato de decorar edificações era supérfluo e desnecessário. O pensamento de ambos resultou em respostas novas e modernas ao projeto de arquitetura.

O MODERNISMO

O movimento modernista foi um dos que mais influenciou a arquitetura no século XX, e, como sugere seu nome, defendia a cultura modernista da época. O Modernismo interagiu com uma dinâmica que reunia mudanças políticas, sociais e culturais. A maioria dos estilos minimalistas e orgânicos expressivos se relaciona com o Modernismo de uma maneira ou outra.

O termo "arquitetura modernista" abrange vários estilos de edificação com características semelhantes, com destaque para a simplificação da forma e a eliminação dos ornamentos, surgidos por volta do ano 1900. Os arquitetos modernistas responderam aos conceitos de a "forma segue a função" e "o ornamento é um crime", o que fez com que sua arquitetura adotasse formas derivadas da resposta às funções ou atividades realizadas no interior dos prédios, destituindo-os de qualquer adorno para produzir espaços brancos tipicamente despojados.

Esses estilos já tinham se consolidado na década de 1940, tornando-se dominantes em edifícios institucionais e empresariais durante várias décadas do século XX.

1

2

1. Apartamentos da Isokon Lawn Road, Londres, Inglaterra
Wells Coates, 1934
Estes apartamentos foram projetados com a recomendação de que aplicassem os princípios da arquitetura modernista. O prédio é bem iluminado, prático e muito funcional, e o mobiliário também foi especialmente projetado para os espaços internos. Os apartamentos receberam algumas das primeiras cozinhas planejadas da Inglaterra, oferecendo a seus usuários um estilo de vida prático e contemporâneo.

2. Vila Savoye (interior), Paris, França
Le Corbusier, 1928–1929
A Vila Savoye, de Le Corbusier, introduziu um novo tipo de edifício com planta livre. Seus espaços internos bem iluminados e a ausência de qualquer decoração ou adorno ofereciam uma abordagem prática, simples e funcional à moradia.

Louis Sullivan, 1856–1924

Sullivan foi um arquiteto norte-americano geralmente associado à criação da tipologia do arranha-céu, a qual se tornou possível graças ao desenvolvimento da estrutura independente de aço para edificações e aos avanços da indústria da construção. Seu prédio com estrutura de aço mais famoso foi a loja de departamentos Carson Pirie Scott, em Chicago. Sua abordagem era de que a forma segue a função, e os edifícios que Sullivan projetou eram guiados por questões funcionais.

1. Casa Farnsworth, Illinois, Estados Unidos
Ludwig Mies van der Rohe, 1946–1951
A Casa Farnsworth é um dos exemplos mais famosos de arquitetura residencial modernista e foi considerada revolucionária em sua época. Além da quebra dos paradigmas da arquitetura habitacional tradicional, a importância desta casa está na pureza absoluta e na consistência de sua ideia de arquitetura.

OS FUNDADORES DO MODERNISMO

Na década de 1920, as figuras mais importantes do movimento modernista em arquitetura já tinham grande reputação. Costuma-se considerar três "fundadores": Le Corbusier, na França, e Ludwig Mies van der Rohe e Walter Gropius, na Alemanha.

Mies van der Rohe e Gropius foram diretores da escola Bauhaus (1919–1938), uma entre várias escolas e associações europeias dedicadas à reconciliação entre a tradição artesanal e a tecnologia industrial. A Bauhaus foi uma das escolas de arquitetura, arte e desenho industrial mais influentes do século XX. Sua pedagogia baseava-se em uma nova abordagem, que explorava a funcionalidade e praticidade de qualquer projeto, incluía oficinas e ateliês e ensinava arquitetura em conjunto com o estudo das manifestações contemporâneas da cultura, do cinema, da dança, da arte e do desenho de produtos. A Bauhaus promovia uma nova unidade entre arte e tecnologia, e incentivava ideias e projetos que, ao mesmo tempo, respondessem à tecnologia e à ideologia.

A arquitetura determinada pelas formas

O dogma modernista, que acreditava que a função da edificação devia afetar seu perfil e forma finais, produziu uma escola de pensamento arquitetônico reagente e contrária. O esculturalismo afirma que a função segue a forma, isto é, que a forma da edificação deve ser a principal preocupação do arquiteto, que fará o possível para acomodar as funções e atividades a serem realizadas dentro da edificação.

Muitas dessas edificações têm se tornado ícones tão fortes que passam a ser vistas como a marca registrada de uma cidade ou lugar. Tais prédios costumam ter uma forma extremamente escultórica ou icônica – sua arquitetura é muito peculiar.

A arquitetura orgânica se refere a uma abordagem de projeto em que a forma é dominante, e é influenciada por formas fluidas e dinâmicas. Em geral, a construção desse tipo de forma estrutural é obtida apenas mediante o uso de materiais inovadores e tecnologias de ponta, capazes de contribuir com o projeto dos espaços e a construção da edificação. Um dos primeiros arquitetos a adotar os ideais da arquitetura orgânica foi Antoni Gaudí; suas obras mais famosas, A Sagrada Família e o Parque Güel (ambas em Barcelona, Espanha), usam as formas de modo escultórico para obter um grande efeito dinâmico.

A arquitetura escultórica também é exemplificada pela obra de Frank Gehry, que utiliza materiais de maneiras inovadoras e surpreendentes. Suas ideias são criadas e projetadas inicialmente com o uso de um processo igualmente escultórico. A arquitetura escultórica é bastante compatível com materiais flexíveis; um dos melhores exemplos é o Museu Guggenheim, projetado por Gehry em Bilbao, Espanha. O museu usa blocos de calcário pesados na base, enquanto folhas de titânio, que se curvam e refletem a luz, compõem as paredes e a cobertura. A combinação de materiais e as formas adotadas por eles cria um grande contraste com as formas retilíneas da cidade.

As abordagens de projeto tanto escultóricas como orgânicas requerem que todas as atividades da edificação sejam adequadas ao seu perfil ou volume exuberante. Nos melhores exemplos dessa arquitetura, as experiências interna e externa se unem para criar um efeito impressionante.

1

2

3

4

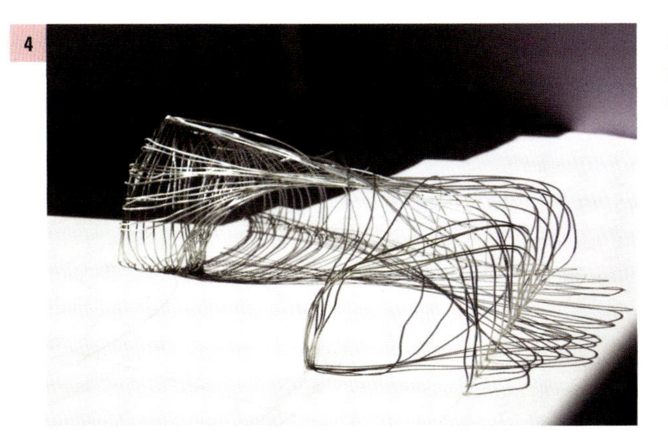

1. A Sagrada Família, Barcelona, Espanha
Antoni Gaudí, ainda incompleta
A Sagrada Família é extremamente ornamentada e parece ter sido esculpida, em vez de construída. Suas pedras têm um aspecto quase líquido e leve, o que desafia as preconcepções que temos de uma pesada construção de pedra.

2. Museu de Arte Frederick R. Weisman, Minneapolis, Estados Unidos
Frank Gehry, 1993
Este museu é um ótimo exemplo de função que segue a forma. A arquitetura de Gehry usa a forma principalmente para determinar a edificação; sua materialidade e volumetria são as principais considerações.

3. e 4. Trabalho de um aluno
Este é o resultado da experiência de um aluno ao criar uma forma escultórica.

1

2

OS INTERIORES ESCULTÓRICOS

As edificações podem ter exteriores exuberantes e, ao mesmo tempo, produzir formas orgânicas ou esculturais – além de uma experiência interna igualmente dinâmica. Alguns pisos, paredes e tetos desafiam as convenções e se inclinam para dentro ou para fora, produzindo efeitos teatrais. Juntos, os tetos inclinados e planos de piso conseguem criar efeitos incrivelmente exagerados, o que aumenta a percepção da perspectiva no interior de um espaço. Também é possível construir paredes de modo a exagerar a altura percebida do local. Isso cria ilusões em termos de arquitetura; nossa percepção de tais espaços é alterada mediante o uso cuidadoso de formas e materiais.

Esse tipo de edificação promove encontros inesperados, unindo pisos e paredes inclinados, por exemplo, para produzir experiências que desafiam a gravidade. Tudo precisa ser reconsiderado nessas edificações, da iluminação e dos móveis às aberturas para portas e janelas. A relação entre as partes externa e interna da arquitetura é especialmente exuberante. Os novos tipos de materiais compostos leves são responsáveis por transformar esse tipo de arquitetura em realidade.

1. Centro de Ciências Phaeno, Wolfsburg, Alemanha
Zaha Hadid, 2000–2005
Esta edificação desafia as formas e os perfis convencionais e tradicionais, e é um exemplar típico das ideias de Zaha Hadid, igualmente escultóricas e dinâmicas. Em termos de arquitetura, o Centro de Ciências Phaeno representa um novo paradigma; perfis dinâmicos surgem à medida que o prédio age como uma paisagem, com os espaços de exposição distribuídos em vários níveis. Os espaços desafiam a maioria das noções preconcebidas referentes às edificações; é quase impossível determinar onde terminam as paredes e começam os pisos ou tetos.

2. Maquete eletrônica do projeto para um centro de esportes
Trabalho de um aluno
Esta proposta, elaborada por um aluno do terceiro ano do curso de arquitetura, mostra uma vista interna de um projeto para um centro de esportes. O conceito da cobertura é criar uma superfície escultórica que reflita a luz natural.

O Monumentalismo

As edificações monumentais têm outros significados além de suas formas e funções. Elas podem ser monumentais tanto em escala como nos termos daquilo que representam. Há séculos, monumentos têm sido construídos para celebrar eventos e pessoas importantes. Algumas dessas estruturas permanecem até hoje, tornando-se parte da cultura atual; lembre-se do Stonehenge e das pirâmides de Gizé, por exemplo. As edificações que se tornam um símbolo de algo além de suas funções, como de uma cidade ou uma cultura, podem ser descritas como monumentais. Algumas edificações monumentais não são habitadas, mas se tornam icônicas devido àquilo que representam.

Algumas edificações se tornaram sinônimos do local onde se encontram e de sua identidade. Ao pensar em qualquer cidade grande, é possível lembrar-se de pelo menos uma edificação ou estrutura associada a ela – como a Casa Branca, em Washington, o Palácio de Buckingham, em Londres, ou o Museu do Louvre, em Paris. Todas essas edificações estão associadas a significados que vão além da arquitetura. Elas se tornaram ícones dos locais onde foram construídas.

Existe outra ideia, mais contemporânea, de edificações ou espaços que funcionam como monumentos e também celebram um evento importante, ou foram criados para a realização de eventos culturais (e/ou têm um significado cultural ou nacional). Os exemplos incluem a Times Square de Nova York, a Casa de Ópera de Sydney, a Torre Eiffel de Paris e a Trafalgar Square de Londres. Pode-se dizer que tais edificações ou espaços têm propósitos duplos.

As sedes dos parlamentos também se inserem na categoria da arquitetura monumental, uma vez que são símbolos nacionais e frequentemente se relacionam com uma identidade cultural. Um novo prédio do parlamento deve representar uma nação por meio de sua forma arquitetônica, materialidade e presença.

O prédio do parlamento alemão, o Reichstag, emprega materiais que reforçam metáforas da arquitetura e política. O prédio original, construído no século XIX, foi renovado e reinterpretado pela Foster and Partners em 1999; sua arquitetura se baseia em uma estrutura transparente, buscando refletir o ideal de uma democracia transparente, aberta e moderna que está no governo. A estrutura com a cúpula de vidro apresenta uma rampa interna, permitindo que os visitantes possam olhar para baixo, em direção ao salão do plenário, e assistir as atividades do parlamento. O prédio do Reichstag se tornou um símbolo da reunificação e reinvenção da Alemanha moderna.

1 **La Bibliothèque Nationale, Paris, França**
Dominique Perrault, 1989–1997
La Bibliothèque Nationale (A Biblioteca Nacional), carinhosamente apelidada pelos parisienses como "TGB" (Très Grande Bibliothèque ou a "Biblioteca Muito Grande"), desafia nosso conceito de bibliotecas e da maneira como elas interagem com a cidade. A edificação é acessada subindo-se uma série de degraus sobre uma plataforma com vistas para o Rio Sena. A seguir, para chegar à biblioteca, é preciso descer uma esteira rolante inclinada. Em seu interior, há um jardim aberto, que chama nossa atenção por suas árvores de escala inesperada. Os livros e outros recursos tornam-se quase secundários frente à experiência de chegar e se movimentar na edificação.

O Zeitgeist

A palavra alemã Zeitgeist se refere ao espírito de uma época. Em termos de projeto, trata-se de uma noção inevitavelmente mutável. O Zeitgeist evolui naturalmente à medida que responde aos fenômenos sociais e culturais contemporâneos. Uma edificação às vezes tipifica um momento histórico, e seu valor garante sua preservação por várias gerações culturais.

O CONTEXTO INTERNACIONAL

No início do século XX, a arquitetura respondia aos ideais e às abordagens modernistas. O estilo modernista, bem como o uso de materiais e formas, surgiu na Europa, e, embora não tenha sido aplicado em todos os contextos, influenciou consideravelmente outras regiões em todo o mundo. O conceito de estilo "internacional" se baseava na noção de que determinado estilo ou projeto poderia existir em muitas culturas, não tendo fronteiras.

Entre os pontos fortes do estilo internacional, destaca-se o fato de que as soluções de projeto eram aplicáveis a qualquer local, sítio ou clima. Em parte por não se referir a histórias locais ou vernáculos nacionais, o estilo podia ser chamado de "internacional". Posteriormente, essa característica foi considerada um de seus problemas mais sérios.

O estilo modernista, porém, foi adaptado por alguns profissionais que visavam acomodar as condições locais. Os exemplos incluem a arquitetura de Oscar Niemeyer, no Brasil, e a obra de Luís Barragán, no México. Apesar das formas modernas, o estilo de Niemeyer empregava formas ousadas e o de Barragán utilizava cores vivas, devido à influência das tradições locais.

1. Centro do Aeroporto de Munique (MAC), Munique, Alemanha
Murphy Jahn Architects, 1989–1999
O Centro do Aeroporto de Munique define o aeroporto na era da globalização. Ele é um espaço em si, um destino que integra transporte, comércio, tecnologia e paisagem. Aqui há uma relação entre viagem, trabalho, compras e entretenimento que faz do aeroporto uma experiência completa de arquitetura.

2. Congresso Nacional, Brasília, Brasil
Oscar Niemeyer, 1958–1960
Niemeyer organizou um concurso para o projeto urbano de Brasília, e a proposta vencedora foi a de seu velho mestre e amigo, Lúcio Costa. Niemeyer projetou os prédios, e Costa, a planta da cidade.

Baseando-se em ideais modernistas, Niemeyer projetou um grande número de edifícios residenciais, comerciais e governamentais. Entre eles estavam a residência do Presidente, a Câmara dos Deputados, o Congresso Nacional e muitos edifícios habitacionais. Vista de cima, a cidade parece ter elementos que se repetem em cada prédio, dando-lhes uma unidade formal.

1

2

1. Museu de Arte Contemporânea de Barcelona, Barcelona, Espanha
Richard Meier, 1994–1996
A arquitetura de Meier se caracteriza pela abordagem e pelo estilo consistentes. A luz branca e fria e as áreas de sombra distintas tornam os espaços interessantes. Ele projetou muitas galerias peculiares que oferecem um pano de fundo branco e neutro na qual se pode apreciar as obras de arte.

OS MATERIAIS

Entender as possibilidades e as limitações dos materiais é um dos aspectos mais importantes da arquitetura. Independentemente da compreensão dos usos contemporâneos ou históricos de um material ou da testagem de uma aplicação ou de um uso inovador, esse conhecimento influi e embasa o desenvolvimento do projeto.

A materialidade da edificação precisa estar relacionada tanto ao terreno e ao ambiente (o exterior) como às funções e aos usuários (o interior). Embora os condicionantes sejam bastante distintos, a especificação dos materiais deve atender às exigências internas e externas da edificação. É importante que os arquitetos aprendam a desenvolver essa habilidade para entender o modo como os materiais precisam estar juntos e ser conectados e como podem coexistir e se complementar.

2. O Pavilhão de Barcelona (interior)
Ludwig Mies van der Rohe, 1928–1929
Este é um detalhe de uma parede de mármore que fica dentro do Pavilhão de Barcelona. O pavilhão foi construído com vidro, mármore travertino e de outros tipos.

OS ESTILOS

Os estilos representam uma resposta à cultura e podem ser vistos como uma espécie de moda ou tendência popular. Na arquitetura, assim como em várias outras formas de arte, os estilos muitas vezes são chamados de "ismos". O Classicismo é um estilo que se baseia na arquitetura e cultura clássicas. Da mesma forma, o Modernismo foi influenciado pela cultura das décadas de 1920 e 1930.

Os rótulos conferidos aos estilos são variados. Alguns são muito específicos, outros são bastante genéricos. É importante observar o efeito de cada "ismo" no estilo que o sucede, e devemos lembrar que todo projeto resulta de precedentes, sejam históricos, culturais ou sociais. A invenção e a originalidade de um projeto advêm de sua aplicação e seu momento na cultura contemporânea: sua adequação ao agora.

A questão dos estilos é um problema difícil para a arquitetura em geral, uma vez que há parâmetros estéticos e funcionais. Se a arquitetura fica muito presa ao estilo contemporâneo, ela rapidamente parece estar "fora da moda", o que é um problema, pois a arquitetura deve ser duradoura. Os conceitos e as ideias de arquitetura mais permanentes têm se adaptado a diferentes culturas, usuários e funções.

Uma integração com a paisagem urbana

Projeto: Museu das Artes do Século XXI (MAXXI)

Arquitetura: Zaha Hadid Architects

Cliente: Ministério Italiano da Cultura

Localização/data: Roma, Itália / 1998–2009

Na arquitetura, as ideias contemporâneas representam os pensamentos mais recentes em termos de expressão arquitetônica e capturam o Zeitgeist (o "espírito da época"). A arquitetura precisa responder às ideias que podem surgir nas diversas áreas da sociedade e aceitar as influências da arte, escultura ou tecnologia.

A arquitetura de Zaha Hadid é muito peculiar, devido a suas formas escultóricas, tanto no exterior como em termos da percepção dos interiores. O escritório de Zaha Hadid emprega materiais de modos inovadores, trabalhando com tal expressão escultórica. Os ambientes que projeta precisam ser vivenciados tridimensionalmente, pois desafiam as ideias convencionais de espaço e forma.

Por exemplo, a arquitetura do Museu das Artes do Século XXI (MAXXI), também conhecido como Museu Nacional das Artes do Século XXI, em Roma, trabalha com texturas e a luz, bem como com a ideia de um prédio icônico único em seu estilo e nas experiências que proporciona.

O Museu MAXXI de Roma foi finalizado em 2010. O conceito do projeto consistia em responder à paisagem urbana imediata, criando, em certos pontos, uma conexão entre o espaço público e o pavimento térreo, e, em outros locais, tornando este peculiar e separado.

O principal percurso de ingresso no prédio é acessado por uma rua que conecta a área local ao rio Tibre, que está nas imediações. Ao fazer dessa conexão com uma importante via navegável o ponto de partida do projeto, o prédio multiplica as relações com o contexto, indo além das limitações do terreno propriamente dito. As rotas de circulação internas se transformam em externas, amarrando o prédio à cidade que o circunda.

Os elementos de arquitetura que se destacam formalmente no prédio também se relacionam com as ordens geométricas de seu exterior, conectando-se às malhas urbanas que regem as vias de automóveis e pedestres de Roma. Essa relação com a cidade é uma característica essencial do prédio e relaciona sua circulação interna com a externa. O prédio foi projetado para ser mais do que um artefato cultural emblemático e pertencer à cidade na qual se insere – ele é parte da paisagem topográfica da cidade, parte de seu espaço público.

Os espaços internos do museu são definidos por fortes elementos formais de arquitetura, criando um pano de fundo ou uma tela expressivos para a exibição das obras de arte que são acomodadas em seu interior. Sua galeria é um fundo bastante dinâmico para os objetos exibidos.

A galeria compreende um longo espaço para exibição, que serpenteia através do prédio e gera uma espécie de experiência ou percurso labiríntico. O espaço usa um conjunto dinâmico de curvas e por si só configura um elemento escultórico dentro do prédio. As obras de arte não são dispostas nas paredes, mas fixadas a divisórias reguláveis, garantindo que as exibições tenham uma identidade separada da do prédio.

O prédio usa o concreto com maestria, criando um fundo dinâmico para as obras de arte.

A circulação através do prédio e sua relação com o movimento do contexto urbano imediato foram o mote conceitual do projeto.

1

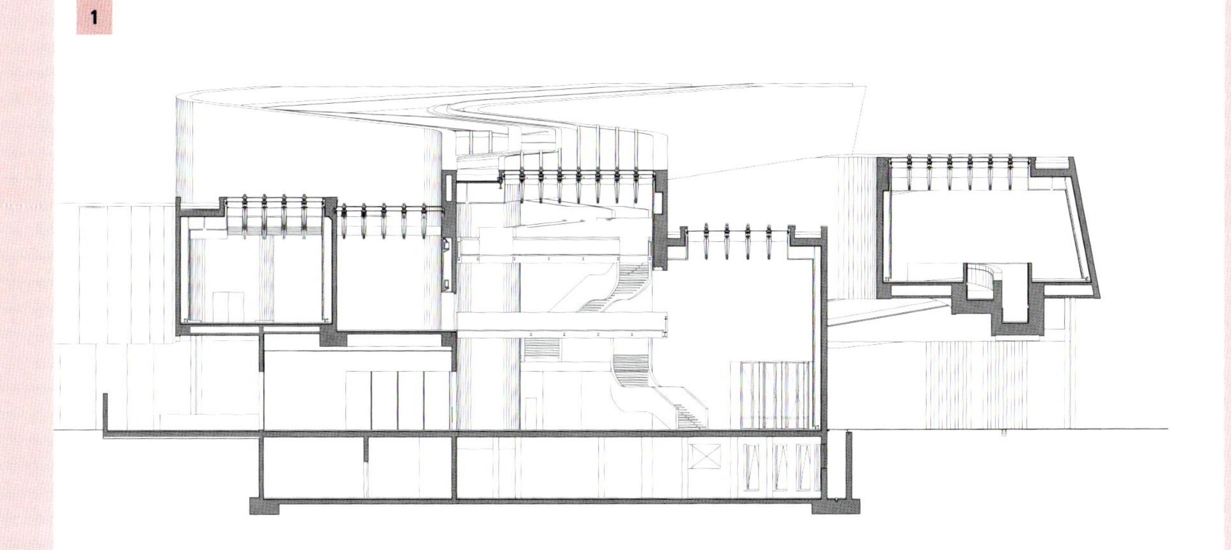

1. Corte do Museu das Artes do Século XXI (MAXXI), também conhecido como o Museu Nacional das Artes do Século XXI, Roma, Itália
Zaha Hadid Architects
O corte através do prédio ilustra os espaços com pé-direito duplo e a relação entre a área da galeria e o resto do museu.

1. e 2. A iluminação interna
Os espaços internos do Museu das Artes do Século XXI (MAXXI) foram cuidadosamente iluminados; a luz natural ressalta a textura de suas superfícies de concreto.

3. e 4. O contraste entre materiais
Os painéis brancos das divisórias contrastam com as paredes e a estrutura de concreto.

3

1

4

2

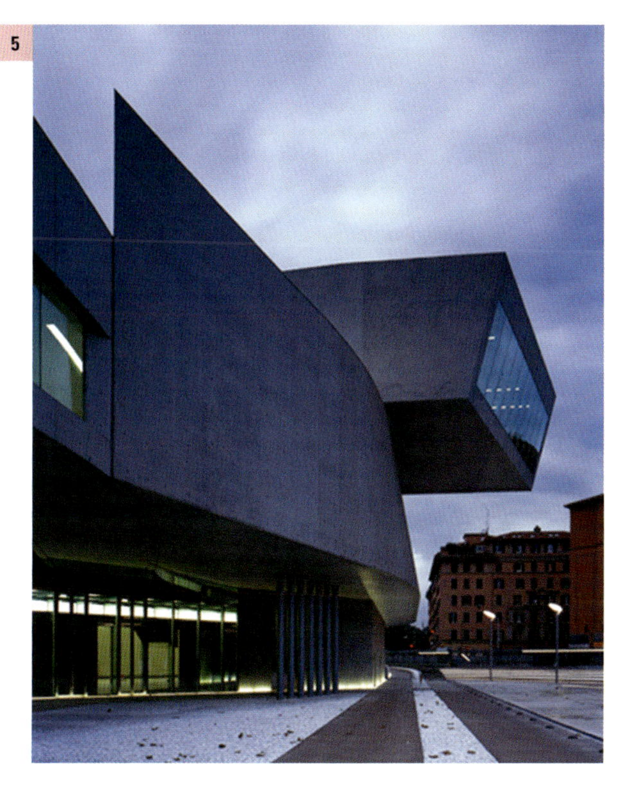

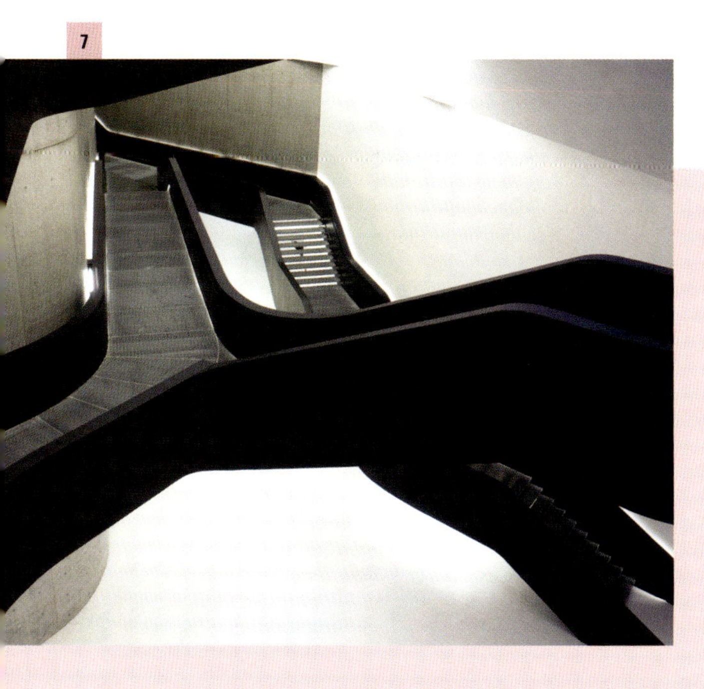

5. O contraste das formas externas

As formas externas do prédio são escultóricas e dinâmicas, e podem ser lidas como se uma parede estrutural estivesse equilibrando um enorme volume em balanço.

6. e 7. A luz e o movimento

A estrutura de concreto interna determina o fluxo e o movimento através do prédio, e a escada é enfatizada com o uso da iluminação elétrica.

Capítulo 5

Exercício: Diagramas analíticos

Projetar edificações implica entender conceitos: esse é o ponto de partida da arquitetura. A melhor maneira de explicar conceitos é empregar diagramas e desenhos simples. No entanto, a tradução de um conceito em um desenho simples é um grande desafio.

Para começar a entender como as edificações são projetadas, as ideias básicas que as geram – como a geometria, os acessos e a circulação – podem ser analisadas por meio de um conjunto de desenhos, que lhe ajudará a simplificá-las.

Para fazer este exercício:

Selecione uma planta baixa ou corte, que servirá de base para o desenho. Identifique os principais conceitos de arquitetura por trás do projeto – como passeios, percursos, acessos, espaços "serventes" e "servidos", paredes de vedação externa, planos verticais soltos, paredes pesadas, camadas, etc. – e considere a hierarquia de tais elementos. Tente representar o prédio com o menor número de linhas possível.

O exemplo na página seguinte mostra os desenhos do Pavilhão de Barcelona, um projeto de Mies van der Rohe. As ideias principais que podem ser identificadas nesta obra são as paredes de vedação externa e os planos verticais soltos, que formam paredes internas, e uma cobertura que parece flutuar.

O prédio foi projetado com uma estrutura independente mínima que permite que as paredes sejam consideradas como simples planos não estruturais. Isso confere flexibilidade na distribuição das paredes, coberturas, aberturas e superfícies internas do prédio.

exercício

1. Diagramas analíticos do Pavilhão de Barcelona
Neste exemplo, o Pavilhão de Barcelona é estudado por meio de um conjunto de diagramas, a fim de descrever as ideias de arquitetura existentes no projeto.

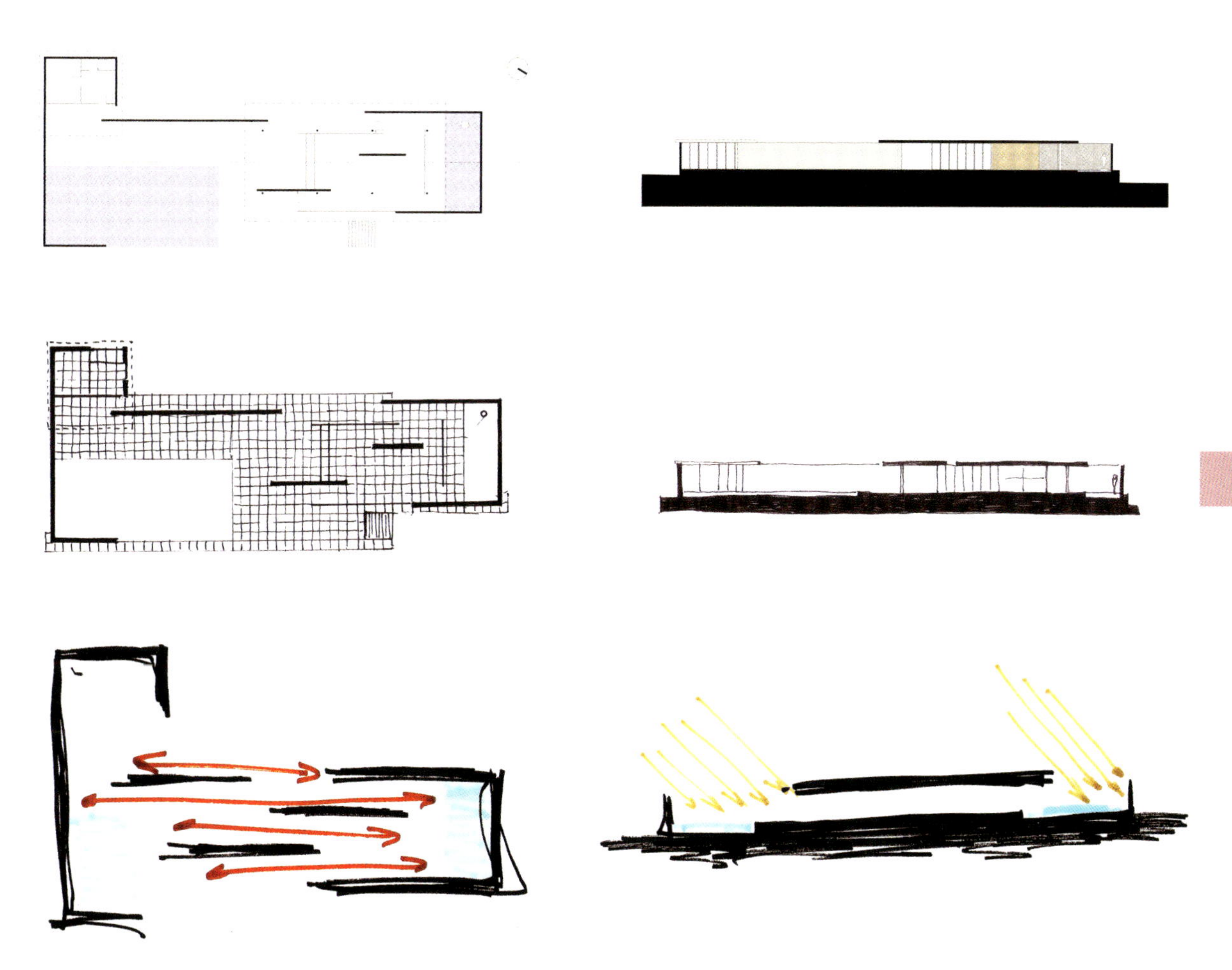

Capítulo 6
O Desenvolvimento e a Execução de um Projeto

Este capítulo explora um projeto de arquitetura, a renovação e ampliação da South London Gallery, de sua gênese até a finalização, mostrando cada etapa de seu desenvolvimento. Esse projeto, de autoria da firma 6a Architects, ajuda a demonstrar a importante síntese de ideias e considerações que convergem na arquitetura de uma edificação.

O processo de síntese é uma espécie de jornada; há uma narrativa relacionada à criação de um prédio, de seu conceito gerador à construção acabada. Seguir um projeto ao longo de cada uma dessas etapas demonstrará que há uma ampla gama de tarefas e habilidades envolvidas, da elaboração de conceitos a questões práticas de construtibilidade.

1. South London Gallery (SLG), Reino Unido
6a Architects, 2010
Vista da elevação da casa degradada adjacente à South London Gallery (SLG), que a 6a Architects reciclou e incorporou à vida do museu.

1. O conceito (página 172)

i

a

b

c

i. Corte do prédio.
a: nº 67, a casa em fita abandonada
b: a nova ampliação, com três pavimentos
c: o novo Clore Education Studio.

2. A análise do terreno do projeto (página 174)

ii

iii

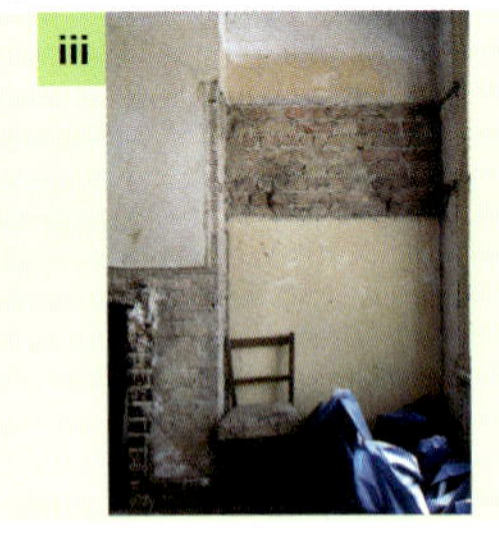

iv

ii. O terreno antes da construção.

iii. A parede de tijolo preexistente é exposta.

iv. A estrutura de madeira preexistente é exposta durante a construção.

3. O desenvolvimento do projeto (página 176)

v

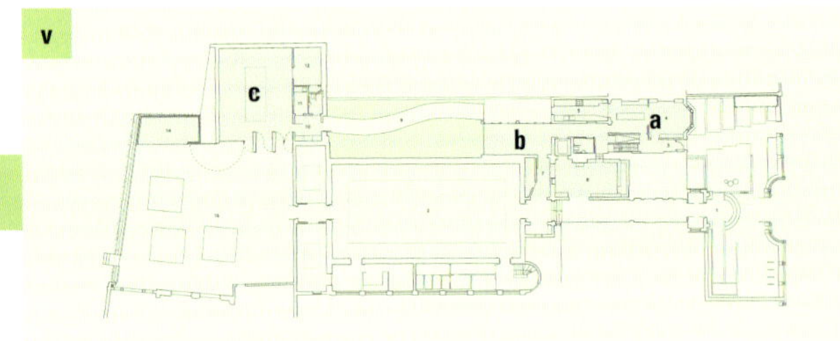

vi

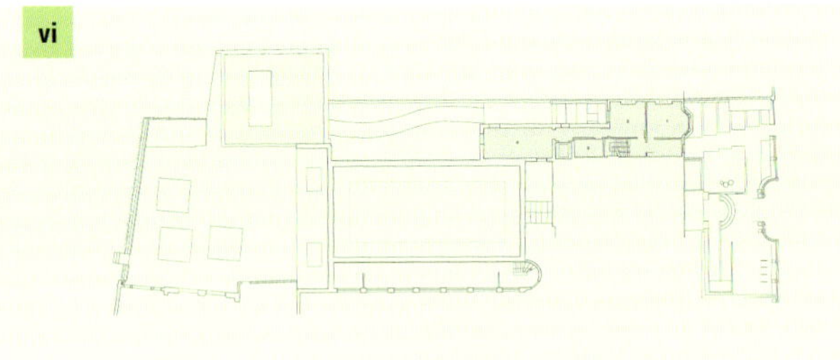

4. O detalhamento (página 178)

viii

ix

x

5. A edificação concluída (página 180)

xii

xiii

xiv

A linha do tempo de um projeto

Os projetos variam bastante em termos de duração e complexidade, mas em cada caso sua elaboração e execução representam uma trajetória que nos revela como um prédio foi gerado. Esta linha do tempo mostra uma série de cinco etapas fundamentais em um projeto e sua execução: o conceito, a análise do terreno, o desenvolvimento do projeto, o detalhamento e a construção e o resultado. Cada uma das seções identificadas nesta linha do tempo será descrita com mais detalhes ao longo deste capítulo.

vii

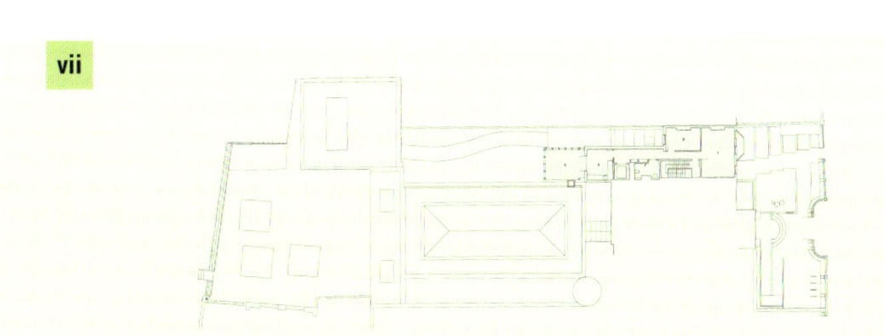

v. Planta baixa do pavimento térreo (a: nº 67, a casa em fita abandonada; b: a nova ampliação, com três pavimentos; c: o novo Clore Education Studio).

vi. Planta baixa do segundo pavimento.

vii. Planta de cobertura

xi

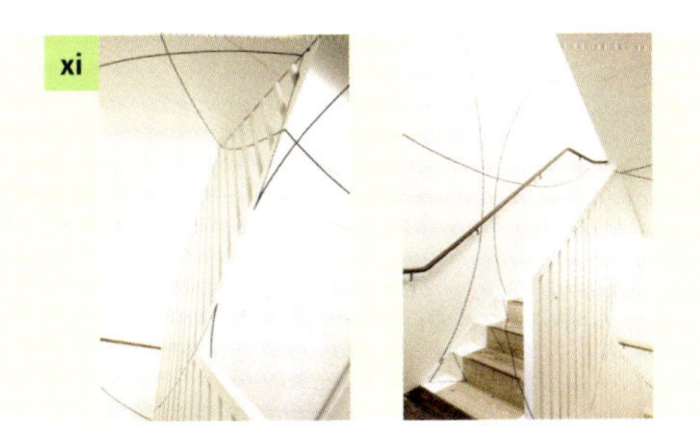

viii. O Clore Education Studio, no fundo do terreno.

ix. A parede externa que se abre e revela o pátio.

x. O novo espaço sendo construído.

xi. A escada da casa nº 67, com sua obra de arte dinâmica, que sugere movimento.

xv

xii. Um dos novos aparelhos sanitários da casa nº 67, modernos, mas ainda refletindo a escala doméstica original do prédio.

xiii. Uma das várias obras de arte que foram incluídas como instalações temporárias durante a inauguração da nova galeria.

xiv. Obra de arte temporária, de Ernest Caramelle, encomendada pela South London Gallery para sua inauguração.

xv. O novo estúdio (Garden Room), com seus motivos folhados a ouro desenhados por Paul Morrison.

O projeto

Este projeto envolve a ampliação da South London Gallery (SLG), uma pequena galeria de arte ao sudeste de Londres, fundada em 1891. A galeria faz exibições de arte contemporânea e eventos de *live art*, com projetos educativos relacionados. A expansão da galeria foi projetada pela 6a Architects, uma firma internacional de arquitetura com escritório em Londres. O programa de necessidades incluía a expansão da SLG, com a inclusão de novas galerias de exibição, uma cafeteria, um apartamento para um artista residente e um novo prédio de ensino. Isso foi conseguido com três intervenções. Em primeiro lugar, os arquitetos reciclaram uma casa contígua abandonada para criar a cafeteria, as acomodações do artista residente e um novo espaço para exibições. Depois foi feita uma ampliação nos fundos da casa, que se conecta com o bloco principal da galeria – e o conjunto dessas áreas agregadas foi batizado de "Ala Matsudaira".

Além disso, os arquitetos projetaram um novo prédio de ensino, chamado Clore Education Studio, que aproveitou as paredes de tijolo de um antigo auditório que havia sido destruído durante a Segunda Guerra Mundial. O projeto incorporou duas das paredes remanescentes desse auditório e criou uma conexão entre o novo Jardim Fox, um pátio ao fundo do terreno, e o jardim preexistente na galeria.

1

1. Exemplos dos espaços e materiais preexistentes.

2. A antiga elevação principal do museu.

3. As plantas originais do prédio. O espaço marcado com um "a" é o salão da antiga galeria. O espaço com um "b" é o local do novo Clore Education Studio, que inclui duas paredes de um auditório que foi parcialmente destruído durante a Segunda Guerra Mundial.

2

3

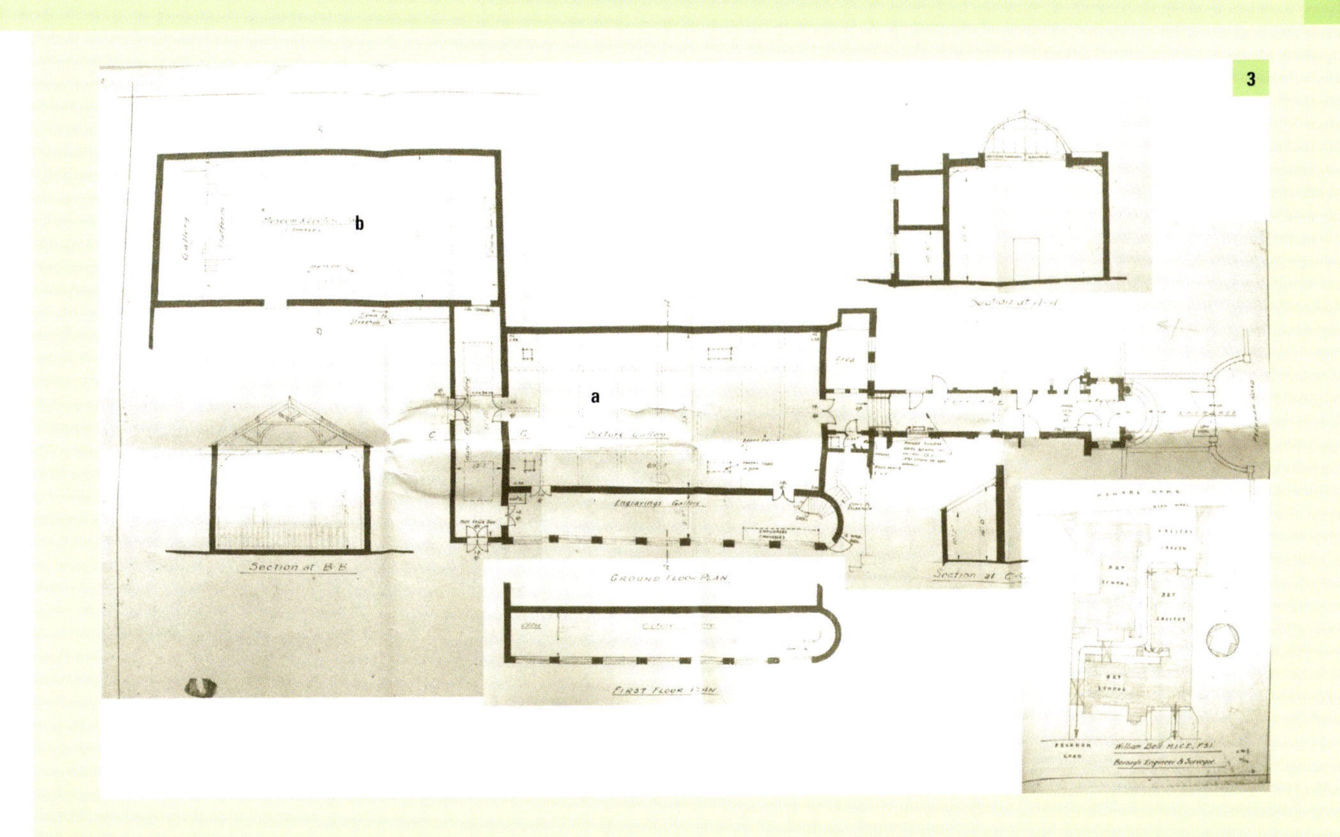

Os colaboradores e seus papéis

A realização de qualquer projeto envolve uma equipe enorme, e cada um dos seus membros possui habilidades diferentes que podem ser aproveitadas em etapas distintas dos processos de projeto e construção. Entre os fatores fundamentais para o sucesso de qualquer projeto de arquitetura, estão a garantia de que a equipe trabalhe bem em conjunto e de que as informações necessárias para o projeto sejam comunicadas com clareza entre todos os membros da equipe.

Os papéis descritos a seguir são apenas uma lista genérica de uma equipe responsável pelo desenvolvimento e execução de um projeto. Alguns projetos são pequenos e não exigem tantos envolvidos, enquanto obras mais especializadas obrigam a contratação de uma grande variedade de colaboradores, como gerentes de projeto e engenheiros especialistas, em suas diversas etapas.

O CLIENTE

O cliente inicia o projeto, financia a construção e, geralmente, é o usuário final da edificação. Os melhores clientes têm aspirações para suas edificações, as quais se refletem claramente em uma série de atividades e funções que a arquitetura precisará atender. Eles podem, por exemplo, já ter uma ideia dos ambientes interno e externo que a edificação deve oferecer ou expectativas sobre aquilo que o prédio precisa simbolizar ou representar.

Todas essas exigências, desejos e funções são transformados em um programa de necessidades que o arquiteto usará como trampolim e medida para as ideias do projeto.

OS TOPÓGRAFOS E ORÇAMENTISTAS

Os topógrafos e orçamentistas avaliam diferentes aspectos da edificação. O topógrafo avalia os materiais e sistemas da arquitetura, desenhando uma edificação existente no terreno ou a localização e os níveis das características topográficas existentes. As informações contidas nesses desenhos permitem que o arquiteto entenda melhor os parâmetros do sítio antes de começar a trabalhar no projeto da edificação. Terrenos íngremes, por exemplo, limitam a possibilidade de construir.

Os topógrafos também podem ajudar a definir as divisas de terrenos e edificações. Topógrafos especializados em edificações históricas possuem conhecimentos específicos referentes aos prédios antigos – algo que pode ser importante.

O orçamentista avalia os materiais usados na construção e, ao arrolá-los e precificá-los, prepara um orçamento dos custos do projeto. Juntamente com o programa de necessidades e os levantamentos topográficos, essas projeções ajudam a elaborar o contrato de construção ou os memoriais descritivos, que indicam como a edificação deve ser construída.

OS ENGENHEIROS

Os engenheiros são responsáveis pela aplicação técnica do conhecimento científico ao projeto. Em resumo, esses profissionais projetam sistemas em conjunto com o arquiteto, estejam eles relacionados à estrutura da edificação ou às instalações de calefação e refrigeração, ventilação, eletricidade, água, esgoto, telefonia, etc.

Os engenheiros de estruturas lidam com diferentes aspectos da estrutura da edificação, incluindo a superestrutura, as fundações e as fachadas. Eles prestam consultoria, aconselham e projetam os vários elementos estruturais do prédio, desde a estrutura como um todo até os detalhes individuais, como o tamanho dos apoios ou vínculos estruturais. Os engenheiros de estruturas demonstram a viabilidade da edificação e racionalizam seus elementos estruturais de modo que eles sejam eficientes, efetivos e possam complementar a ideia de arquitetura geral.

O engenheiro mecânico é basicamente o profissional envolvido no projeto, no desenvolvimento e na instalação de máquinas. Em termos de edificação, isso se refere ao projeto das instalações mecânicas, de calefação, refrigeração e ventilação. É preciso considerar, especificar e integrar tais instalações à ideia de projeto para que elas funcionem de forma eficaz com os conceitos espaciais, materiais e formais da arquitetura.

Os engenheiros elétricos trabalham em conjunto com os engenheiros mecânicos no projeto e na supervisão da instalação dos sistemas elétricos. Em projetos maiores, eles podem trabalhar com consultores de luminotécnica para criar estratégias específicas de iluminação artificial para o prédio em questão.

Os engenheiros acústicos tratam dos aspectos do controle de ruídos. Eles sabem como os ruídos são transmitidos pelos materiais usados na edificação e são capazes de sugerir medidas que influem na percepção que o usuário tem dos sons. Sempre que as edificações precisam acomodar funções múltiplas e distintas, os engenheiros acústicos podem prestar consultoria no que se refere à separação dos sistemas de construção, como paredes ou pisos, para amenizar a transmissão de ruídos. Além disso, eles têm condições de indicar materiais capazes de alterar o desempenho acústico dos espaços.

OS ARQUITETOS PAISAGISTAS

Todas as obras de arquitetura se inserem em um local ou contexto; os arquitetos paisagistas são aqueles que trabalham com a conexão entre as edificações e o entorno.

Os arquitetos paisagistas começam analisando o terreno para entender tanto suas condições climáticas específicas, incluindo índices pluviométricos, incidência de luz solar e variações de temperatura, como as plantas nativas da região e as condições de cultivo.

O projeto de paisagismo também considera aspectos relacionados aos percursos e às rotas nos espaços externos da edificação, além das atividades associadas a esses locais. O bom projeto de paisagismo vincula o prédio ao terreno, complementa todos os aspectos do projeto de arquitetura e não pode ser separado da edificação.

OS CONSTRUTORES E EMPREITEIROS

Os construtores e empreiteiros da construção civil constroem o prédio fisicamente, trabalhando com base nas informações fornecidas pelos engenheiros, arquitetos, topógrafos e orçamentistas. Em geral, eles são supervisionados por um gerente de obras ou arquiteto que fica no local. Certas construções requerem os serviços de subempreiteiros ou especialistas para fazer algo de modo específico ou utilizar uma técnica especial.

Os construtores e empreiteiros seguem um cronograma de obra que é elaborado no início da execução, com o intuito de garantir a coordenação de todos os materiais, operários e serviços, o que permite que o projeto de construção progrida sem maiores percalços. A integração dos diferentes serviços é fundamental para se concluir a edificação com sucesso.

O programa de necessidades

O programa de necessidades visa limitar e definir as especificações do projeto, determinando aspectos relativos à função, construção, materialidade e relação com o terreno. Ele é elaborado inicialmente como uma resposta às intenções do cliente para o projeto; a seguir, o programa de necessidades é aprimorado de modo a fornecer informações detalhadas sobre as exigências do projeto, incluindo, entre outros fatores, o levantamento de campo, as exigências de acomodação, as exigências de leiaute interno, e instalações e equipamentos especializados.

O PROGRAMA DE NECESSIDADES DO PROJETO

Quando a firma 6a Architects foi contratada para reformar e reciclar uma casa vitoriana abandonada contígua à South London Gallery (SLG), o programa de necessidades do cliente incluía o aprimoramento da experiência dos visitantes com o acréscimo de novos espaços de exibição, um apartamento para um programa de residência para artistas e uma cafeteria. Também pediu-se aos arquitetos que projetassem um ateliê para alunos no fundo do terreno, um espaço necessário para que a galeria pudesse trabalhar com milhares de pessoas a cada ano dentro de suas próprias dependências.

O programa também determinava que a ampliação física da galeria, por meio da casa vizinha de estilo vitoriano, deveria ser feita sem que se perdesse o "espírito" da construção preexistente, ou seja, sem que ela passasse a ser percebida como apenas mais um prédio institucional. Portanto, o projeto de reciclagem precisava preservar o caráter habitacional da casa, incorporando-a à vida da galeria e criando novos espaços estimulantes para seus visitantes.

Os arquitetos da 6a Architects conseguiram dar uma resposta muito boa, e a galeria se tornou mais popular após a finalização das obras. A intenção dos arquitetos era manter a escala "doméstica" dos espaços, o que estava adequado ao caráter preexistente do prédio. Como explicam os projetistas, isso se conseguiu fazendo com que os novos ambientes "mantivessem o leiaute original dos cômodos de frente e fundos, mas a linguagem da arquitetura foi abstraída e reduzida a uma imagem que esmaeceu com o tempo".

O programa de necessidades também solicitava que o novo Jardim Fox se tornasse um espaço central na galeria, e seu projeto e execução foram cruciais para o sucesso do projeto de reciclagem. Sua escala é residencial, mas seu caráter é imponente, amplo e público, e o novo jardim conduz o visitante da casa aos espaços públicos maiores.

1. O novo estúdio (Garden Room)
O novo estúdio, com seu pé-direito duplo, está voltado para o novo Jardim Fox e inclui uma obra de arte com motivos folhados a ouro, de autoria de Paul Morrison. A SLG contratou a obra como parte das instalações temporárias que comemoraram a reinauguração da galeria, mas decidiu mantê-la como um elemento permanente da sala.

O conceito

O conceito é a ideia propulsora do projeto, uma resposta à sua função, ao terreno e ao programa de necessidades, assim como aos possíveis precedentes históricos ou tipológicos.

Desenvolver o conceito de um croqui para obter uma edificação completamente funcional, que se inspire nas ideias iniciais e se conecte com elas, é um desafio. Por isso, os conceitos de projetos de arquitetura precisam ser claros e compreendidos por todos os membros da equipe, o que permite enfatizá-los e aplicá-los em todas as etapas do desenvolvimento do projeto.

O CONCEITO DO PROJETO

O conceito do projeto era dar uma resposta bem integrada e sensível a uma edificação histórica. O maior desafio para a 6a Architects foi ampliar a South London Gallery sem decepcionar aqueles que apreciavam o prédio preexistente, e isso foi conseguido deixando o espaço principal intacto e criando uma série de três intervenções dispersas pelo terreno agora expandido. Uma nova sequência de espaços internos e externos totalmente acessíveis aumentou significativamente a variedade de eventos e atividades que podem ser realizados na galeria, além de estabelecer um diálogo inesperado e instigante entre o antigo e o moderno, o interior e o exterior.

Durante a restauração e inclusão da casa contígua, que formou a nova Ala Matsudaira, tomou-se muito cuidado para manter o caráter íntimo de um ambiente residencial e preservar as características originais da casa durante sua reciclagem de uso.

1. A reciclagem de uso de um ambiente doméstico
Um dos grandes desafios da reciclagem da casa degradada adjacente à South London Gallery foi incorporar um ambiente doméstico a uma arena pública, sem que isso implicasse a perda de seu caráter intimista. Os arquitetos da 6a Architects alcançaram este equilíbrio com perfeição, por meio do uso de elementos cruciais, como a escada muito bem detalhada e com uma obra de arte de Gary Woodley.

2. Corte
Este desenho mostra um corte na proposta geral, passando pelo pátio central e mostrando a relação entre os espaços internos e externos.

a: O prédio nº 67, a casa degradada que foi recuperada e reciclada para acomodar uma cafeteria e novos espaços de exibição da galeria.

b: O novo estúdio (Garden Room).

c: O novo Jardim Fox.

d: O novo Clore Education Studio.

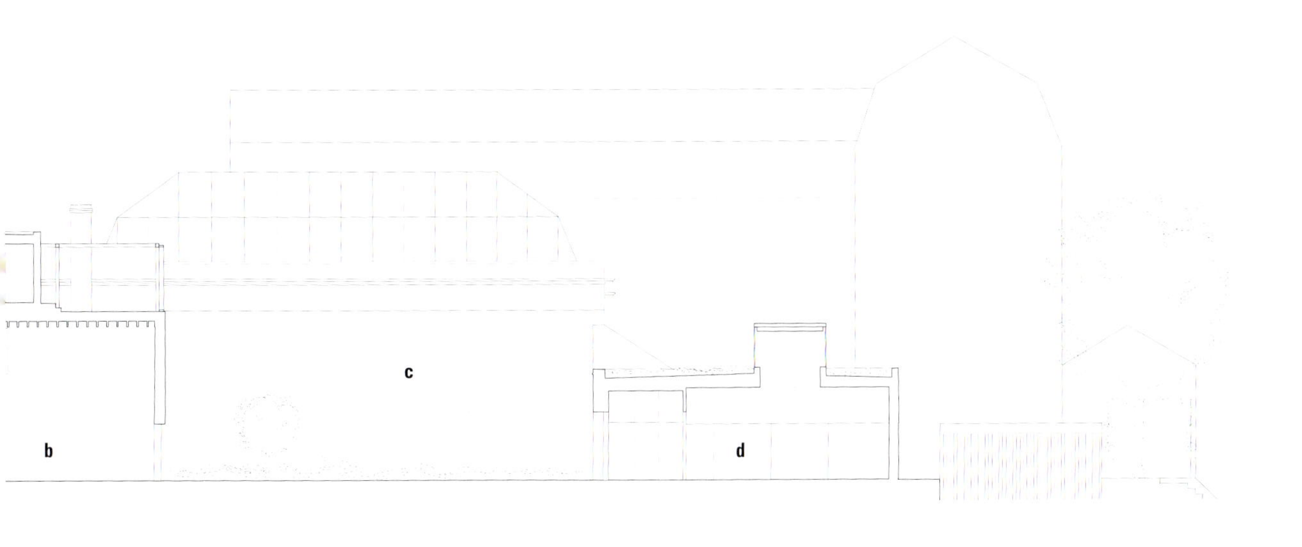

A análise do terreno

O processo de análise do terreno permite que aspectos específicos do local influam na ideia do projeto. Talvez haja precedentes históricos característicos do local em questão (em termos de tipologias de edificações ou técnicas de construção, por exemplo), bem como variações climáticas ou médias de temperatura capazes de afetar a relação entre as partes interna e externa da edificação. Todos esses fatores, entre muitos outros, podem influenciar as ideias do projeto.

Analisar e compreender o entorno imediato e o contexto maior permitem que o projeto se conecte melhor com seu terreno e contexto.

A ANÁLISE DO TERRENO DO PROJETO

A South London Gallery foi construída em 1891 nos fundos da cabana de seu fundador, William Rossiter, que se localizava na Peckham Road, uma via rural da época. Em 1905, a cabana foi demolida para dar lugar ao Camberwell College of Arts, que ainda se encontra no local. A South London Gallery, considerada por muitos como um dos melhores espaços para exibição de Londres, é um elegante bloco retangular com um grande lanternim central.

O espaço principal impressiona por sua escala, mas não fica visível da rua, e o corredor estreito e longo que conduz a ele reforça a surpresa que os visitantes têm ao entrar. O caráter especial do prédio há muito tempo inspira os artistas e, portanto, tem um papel vital na construção da reputação internacional da galeria como o local de mostras de artistas britânicos contemporâneos, como Ryan Gander, Steve McQueen, Eva Rotschild e Michale Landy, além de figuras de renome internacional, como Chris Burden e Alfredo Jaar.

As proporções, o tipo de construção da casa adjacente e seu jardim, que estavam em péssimo estado, contrastavam muito com a elegância da galeria. O desafio dos arquitetos da 6a Architects era combinar um prédio público com uma casa residencial e obter um espaço unificado que atendesse a diversas funções.

1. O jardim da casa antes da construção.

2. Os materiais da casa são revelados.

1

2

O desenvolvimento do projeto

Projetar uma edificação é uma jornada imprevisível. O processo começa como um conceito, representado, talvez, por uma série de croquis ou algumas maquetes; no entanto, à medida que a ideia é desenvolvida, o cliente precisa fazer algumas considerações e tomar decisões importantes. Estas envolvem o uso de espaços individuais, as exigências funcionais da edificação e de seu entorno, o uso de materiais, e as estratégias de calefação, refrigeração, ventilação e iluminação. As decisões referentes a esse tipo de questões precisam reforçar o conceito de arquitetura inicial. É essencial que o conceito principal seja preservado durante o projeto – e que o processo de tomada de decisões não comprometa a integridade da ideia.

Para os serviços de arquitetura da 6a Architects, o projeto na South London Gallery envolveu trabalhar intimamente com o cliente, a fim de identificar seus desejos e garantir que as obras de arte exibidas permanecessem acessíveis e fizessem parte de uma experiência total para o público. Também era fundamental garantir que alguns aspectos originais da casa convertida, incluindo sua estrutura e seus materiais, fossem preservados como uma característica importante dos ambientes internos.

A estrutura de madeira original da cobertura, antes crua e oculta, foi deixada aparente, mas pintada de branco, fazendo referência ao estado outrora dilapidado da casa, mas também refletindo as tesouras bem mais imponentes do espaço principal da galeria. Estas serviram de inspiração para os novos prédios – um cômodo com pé-direito duplo, conectando a casa ao espaço principal, e o Clore Studio nos fundos do prédio principal – que gradualmente fazem a transição do caráter doméstico da casa à imponência institucional da galeria principal.

Outros motivos aplicados a todos os espaços dos novos prédios reforçam a unidade entre os diferentes espaços, conferindo-lhes também um caráter próprio. Algumas paredes de alvenaria de tijolo foram pintadas, outras deixadas sem reboco; cerâmicas foram assentadas na diagonal, tanto no interior como no exterior, e a ênfase na iluminação ficou evidente.

As vistas surpreendentes para os diversos espaços e através deles, tanto nos interiores quanto nos exteriores, revelam o aspecto labiríntico do grupo de prédios conectados, tornando o conjunto mais interessante e atraindo os visitantes de uma área a outra. Nos pavimentos superiores, as vistas das janelas e do terraço de cobertura do apartamento do artista residente também destacam a inserção muito peculiar da galeria no coração de uma área urbana, encaixada entre uma faculdade de artes da virada do século e um condomínio habitacional da década de 1950.

1., 2. e 3. Plantas baixas dos pavimentos térreo, segundo e terceiro do conjunto.

1

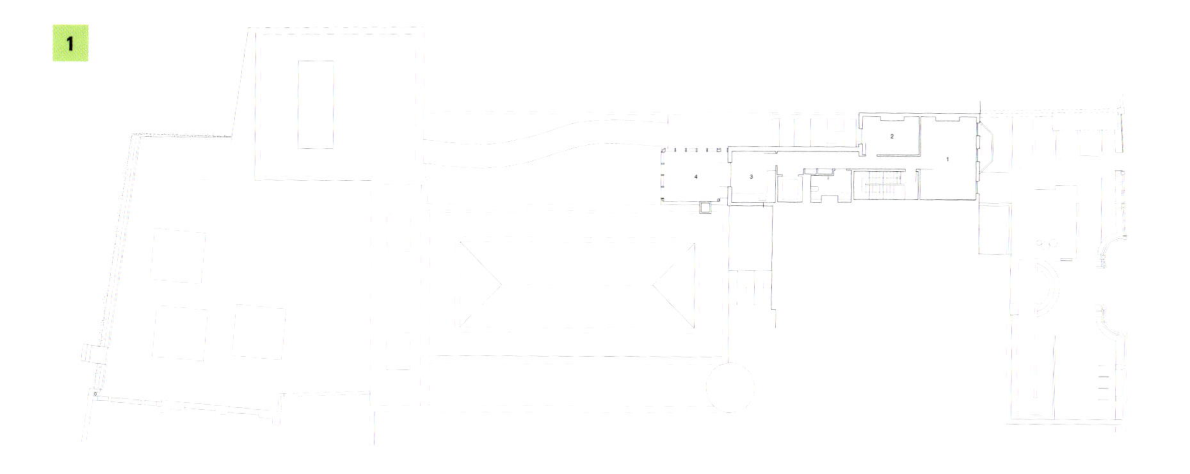

2

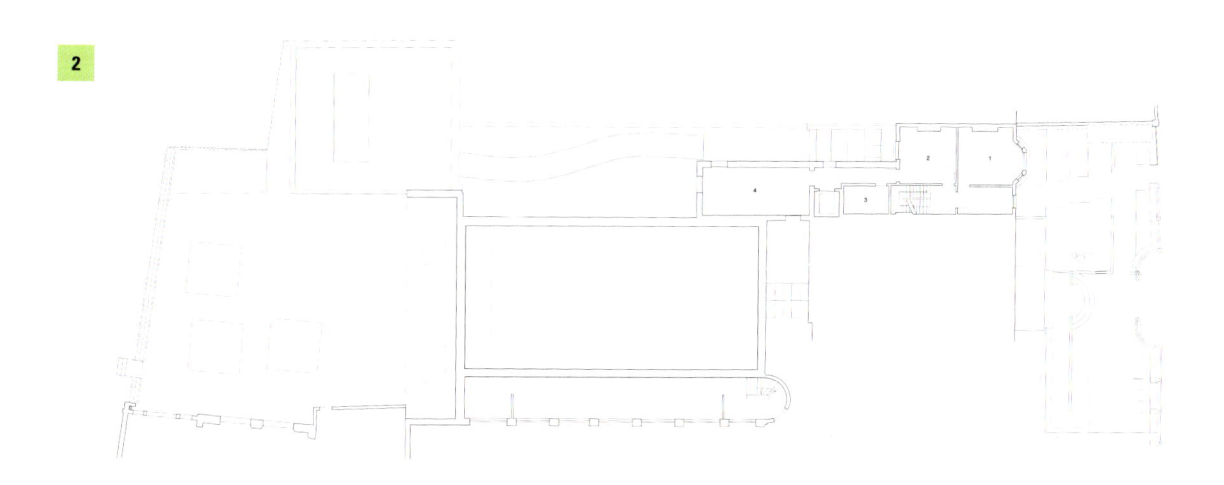

3

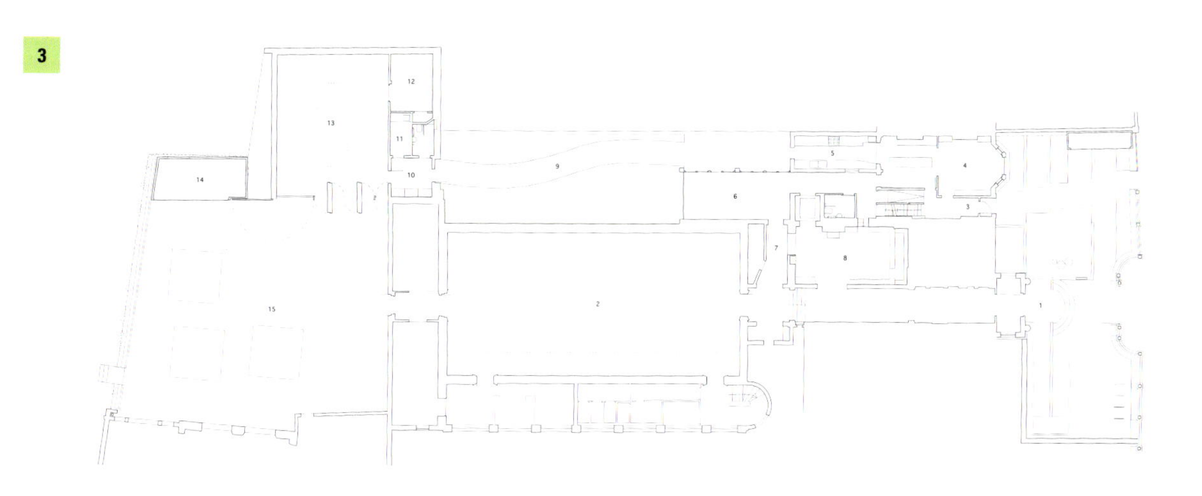

O detalhamento

Nesta etapa do projeto, são produzidos desenhos que permitem a construção da edificação. Tais desenhos variam em escala e número; elementos especiais requerem bastante detalhamento para explicar sua construção, ao passo que outros aspectos mais padronizados da construção precisam de poucas explicações ou desenhos detalhados.

1

O projeto da South London Gallery (SLG) exigiu sensibilidade aos materiais dos prédios preexistentes. Foi necessária muita atenção aos detalhes, relacionando as características novas e antigas das edificações. Os novos elementos das construções adicionadas complementam o prédio preexistente e contrastam com ele, e os novos materiais apresentam uma delicadeza adequada à pesada construção de tijolo da casa vitoriana.

O novo Clore Education Studio foi construído com uma estrutura de madeira leve e aço revestida de cerâmica leve, combinando com o tijolo típico de Londres presente nos outros prédios, mas, ao mesmo tempo, contrastando com ele, por serem materiais de construção leves e contemporâneos. Há uma claraboia de aço que oferece luz abundante aos espaços abaixo. Além disso, foram cuidadosamente desenhadas portas pivotantes que, durante o verão, permitem a desmaterialização da parede voltada para o jardim, amenizando a diferença entre o interior e o exterior. O resultado final foi a criação de um espaço de transição bastante fluido entre a galeria e o jardim.

O interior foi tratado com simplicidade, para que se tornasse um pano de fundo bastante discreto para a galeria, e suas paredes foram pintadas de branco, a fim de refletir a luz. Todas as suas superfícies foram cuidadosamente trabalhadas para que os espaços internos, ainda que pequenos, tivessem um aspecto luminoso e amplo.

1. Parte da casa reciclada, com seus detalhes originais evidenciados.

2. O novo Clore Education Studio, apresentando uma obra de arte de Dan Perjovschi (encomendada pela SLG).

A edificação concluída

Toda obra de arquitetura precisa ser imaginada pelo arquiteto ainda no início do projeto. Um dos aspectos mais interessantes de qualquer projeto é que há uma ótima relação entre a ideia imaginada e a obra executada. Toda arquitetura tem aspectos surpreendentes; mesmo utilizando maquetes convencionais ou eletrônicas complexas, nem sempre é possível prever, por exemplo, a sensação causada pela luz natural ao alterar o caráter de cada espaço. Não é possível entender por completo a experiência proporcionada pelos espaços internos e a conexão entre eles antes do término da edificação. Após a conclusão, o sucesso de qualquer obra de arquitetura depende de dois fatores: o prédio é adequado ao objetivo previsto e responde bem ao programa de necessidades inicial?

A GALERIA CONCLUÍDA

A ampliação da South London Gallery, projetada pela 6a Architects, foi um grande sucesso. A cafeteria do pavimento térreo, os espaços de exibição do segundo pavimento e o apartamento para o artista residente foram perfeitamente incorporados à vida fervilhante dessa galeria de arte. Atrás da casa reciclada e incorporada à galeria, a ampliação de três pavimentos tem um cômodo com pé-direito duplo que cria uma conexão efetiva com a antiga galeria, passando pelo novo jardim.

Nos fundos do terreno, o Clore Education Studio é um volume único, mas bastante amplo, com um lanternim central. Sua arquitetura desenvolve temas da casa, com sua estrutura de cobertura aparente, sugerindo tranquilidade e aconchego. Assim como ocorre em muitos ambientes da South London Gallery, a simplicidade geral do espaço reserva algumas surpresas: a parede oeste na verdade é um conjunto de portas pivotantes que, uma vez abertas, cria um espaço contínuo entre o jardim dos fundos e o interior do estúdio. À noite, as paredes pivotantes e um grande postigo fecham a parede e transformam o bloco em uma caixa escura de aspecto abstrato.

De modo geral, a reforma e ampliação da South London Gallery responderam bem às expectativas expressas no programa de necessidades para o projeto; o cliente ficou satisfeito com a resposta sensível dada ao prédio preexistente e às novas instalações que foram criadas. O projeto criou uma série de espaços cuidadosamente considerados, permitindo aos visitantes a apreciação das obras de arte da galeria.

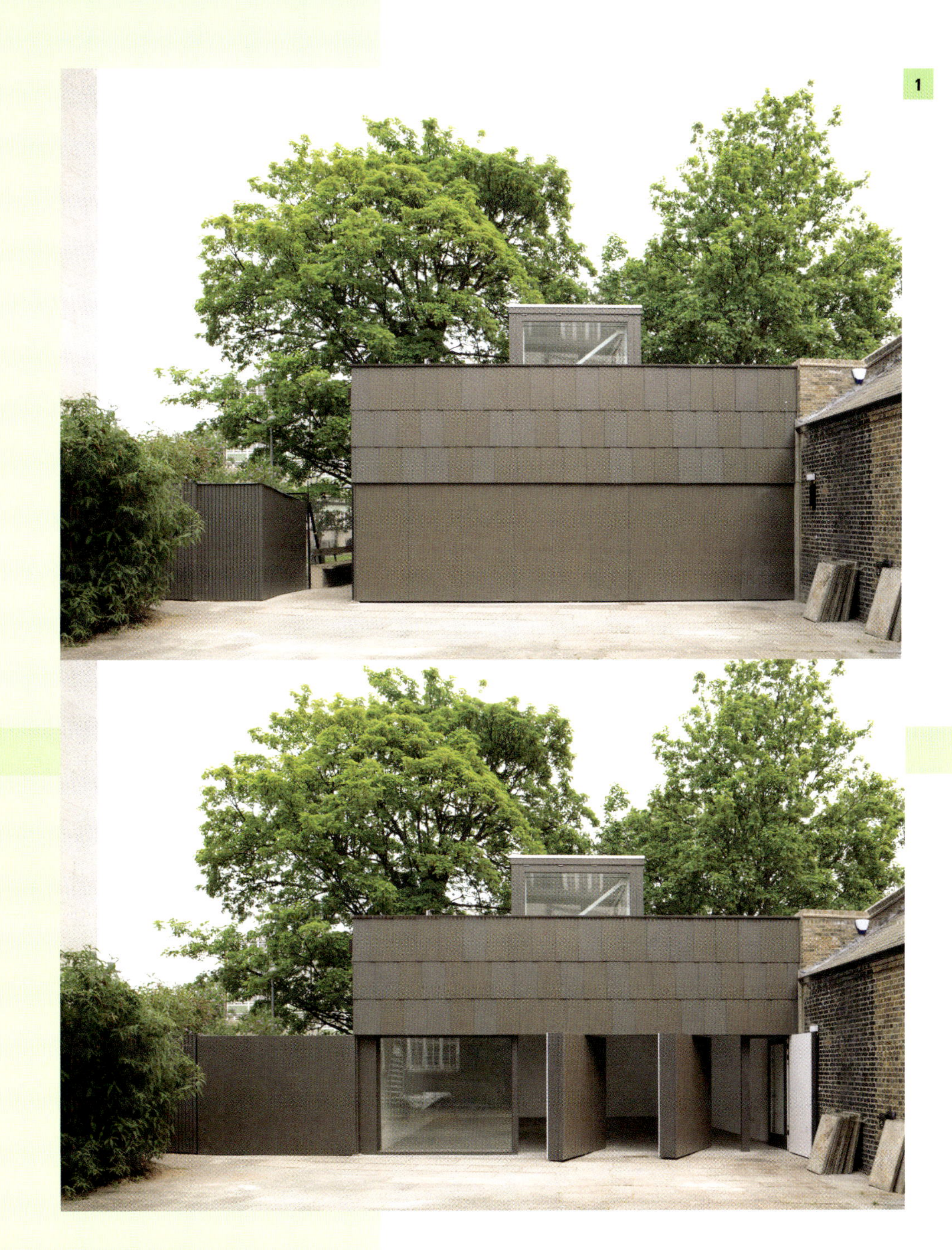

1. O Clore Education Studio
O novo bloco de ensino inclui uma parede com portas pivotantes, que conecta o interior do prédio ao jardim.

Conclusão

A arquitetura está em todos os lugares: ela estrutura os espaços onde trabalhamos, moramos e existimos. A arquitetura não se resume a prédios individuais – ela também inclui os espaços entre eles e ao redor deles, bem como as cidades nas quais eles geralmente se inserem. A tecnologia e os materiais determinam a arquitetura em termos da construção e criação de edificações. Nosso meio é um ambiente dinâmico no qual a substância de nossos prédios está em constante mudança, assim como as expectativas que temos para a arquitetura.

Este livro foi feito para oferecer uma janela às diferentes maneiras como os arquitetos pensam, consideram e projetam as edificações. A criação de uma obra de arquitetura envolve uma incrível visão e a colaboração em vários níveis. Os arquitetos trabalham de modo apaixonado tanto ao projetar novos espaços e lugares como ao adaptar prédios e lugares preexistentes.

É preciso muita energia criativa e entusiasmo para fazer uma boa arquitetura. A caminhada é excitante, e a experiência proporcionada pelas melhores obras de arquitetura pode ser uma inspiração.

1

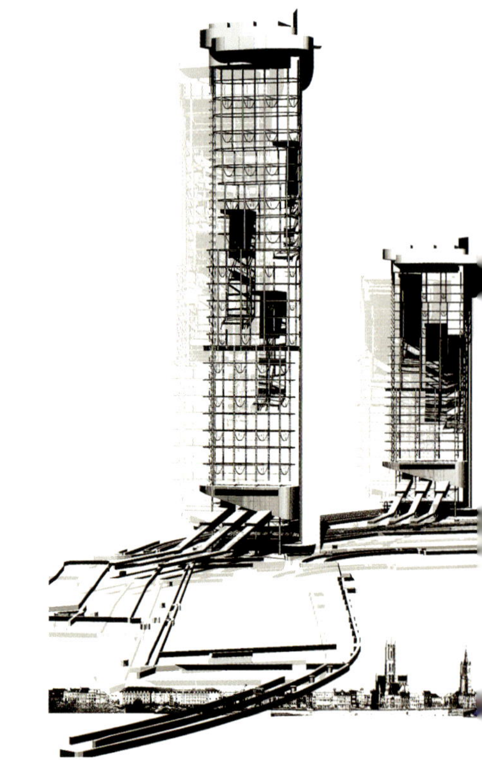

1. Flower Towers
David Mathias, 2002
Esta imagem reúne uma variedade de ideias de arquitetura e meios de representação. Ela foi gerada com o uso da modelagem por computador e do desenho à mão livre, e inclui uma planta baixa, uma perspectiva e elevações alinhadas de uma paisagem urbana.

Bibliografia

Ambrose, G., Harris, P. and Stone, S. (2007)
The Visual Dictionary of Architecture
AVA Publishing

Anderson, J. (2010)
Basics Architecture 03: Architectural Design
AVA Publishing

Baker, G. (1996)
Design Strategies in Architecture: An Approach to the Analysis of Form
Von Nostrand Reinhold

Ching, F. (2002)
Architectural Graphics
John Wiley & Sons

Ching, F. (1995)
Architecture, Space, Form and Order
Von Nostrand Reinhold

Clark, R. and Pause, M. (1996)
Precedents in Architecture
John Wiley & Sons

Crowe, N. and Laseau, P. (1984)
Visual Notes for Architects and Designers
John Wiley & Sons

Cullen, G. (1994)
Concise Landscape
The Architectural Press

Curtis, W. (1996)
Modern Architecture Since 1900
Phaidon

Deplazes, A. (2005)
Constructing Architecture
Birkhauser

Farrelly, L. (2007)
Basics Architecture 01: Representational Techniques
AVA Publishing

Farrelly, L. (2008)
Basics Architecture 02: Construction + Materiality
AVA Publishing

Fawcett, P. (2003)
Architecture Design Notebook
The Architectural Press

Le Corbusier (1986)
Towards a New Architecture
Architectural Press

Littlefield, D. (2007)
Metric Handbook: Planning and Design Data (Third Edition)
The Architectural Press

Marjanovic, I. and Ray, K.R. (2003)
The Portfolio: An Architectural Press Student's Handbook
The Architectural Press

Porter, T. (2004)
Archispeak
Routledge

Porter, T. (1999)
Selling Architectural Ideas
Spon Press

Rasmussen, S. (1962)
Experiencing Architecture
M.I.T. Press

Richardson, P. (2001)
Big Ideas, Small Buildings
Thames & Hudson

Robbins, E. (1994)
Why Architects Draw
M.I.T. Press

Sharp, D. (1991)
The Illustrated Dictionary of Architects and Architecture
Headline Book Publishing

Unwin, S. (1997)
Analysing Architecture
Routledge

von Meiss, P. (1990)
Elements of Architecture
E & FN Spon Press

Weston, R. (2004)
Materials, Form and Architecture
Laurence King Publishing

Weston, R. (2004)
Plans, Sections and Elevations
Laurence King Publishing

Fontes na Internet

The American Institute of Architects
www.aia.org
Este site oferece informações sobre o ensino e a prática da arquitetura nos Estados Unidos.

archINFORM
www.archinform.net
Este banco de dados sobre a arquitetura internacional, oriundo de registros de projetos de edificações interessantes feitos por estudantes de arquitetura, tornou-se o maior banco online de arquitetos e edificações do mundo inteiro, sejam históricas ou contemporâneas.

Architecture Link
www.architecturelink.org.uk
Architecture Link tem como objetivo ser a principal fonte de consulta para todos os interessados no tema da arquitetura e desenho de produtos. Seu objetivo principal é promover a apreciação pública da arquitetura e do ambiente construído, bem como oferecer um meio para a disseminação rápida de informações sobre arquitetura e desenho de produtos.

Getty Images
www.gettyimages.com
Este site disponibiliza muitas imagens e recursos visuais que podem complementar ideias de apresentação de obras de arquitetura.

Google Earth
www.earth.google.com
Google Earth combina imagens de arquitetura e mapas, disponibilizando informações geográficas do mundo inteiro. Podem-se obter mapas com informações específicas de qualquer terreno do mundo, em várias escalas.

Great Buildings
www.greatbuildings.com
Este é um site de consulta sobre arquitetura que oferece maquetes eletrônicas, plantas e imagens fotográficas de centenas de arquitetos internacionais e de suas obras.

International Union of Architects
www.uia-architectes.org
A UIA é uma ONG fundada em Lausanne, em 1948, que se dedica à união dos arquitetos de todas as nações do mundo, de qualquer nacionalidade, raça, religião ou escola de pensamento em arquitetura. A UIA é uma rede internacional ímpar que une todos os arquitetos.

Perspectives
www.archfilms.com
Perspectives é uma empresa de Chicago que produz vídeos de alta qualidade sobre arquitetura e desenho de produtos. Ela também faz vídeos especializados e outros produtos para planejadores de turismo, empresas do ramo imobiliário, agências de proteção histórica, instituições culturais e comunidades.

Royal Institute of British Architects (RIBA)
www.architecture.com
O site do RIBA oferece informações e conselhos sobre a prática e a formação de arquitetos.

SketchUp
www.sketchup.com
SketchUp é um software que constrói maquetes eletrônicas com rapidez. Ele é um programa de uso fácil e intuitivo que gera perspectivas volumétricas que parecem ter sido recém traçadas à mão livre.

Glossário

Anticontextual
As edificações ou ideias que se opõem deliberadamente ao local onde se encontram em termos de materiais e/ou formas são descritas como anticontextuais.

Antropomórfico
Refere-se à aplicação de características ou ideias humanas a animais, elementos naturais e objetos ou formas inanimados.

Brise
Um elemento aplicado à fachada da edificação para reduzir a quantidade de luz solar incidente.

Camadas
As camadas conseguem explicar a arquitetura em diferentes níveis. Fisicamente, é possível projetar os espaços em camadas para que as pessoas possam ir do exterior da edificação ao seu interior, identificando cada camada separadamente. Espaços modernistas como o Pavilhão de Barcelona tentam decompor as camadas entre os espaços interno e externo.

Colagem
A palavra colagem deriva do termo francês *coller* (colar). Trata-se de uma técnica usada por artistas cubistas, como Picasso, durante a década de 1920. Esse termo é aplicado a conceitos de arquitetura que usam elementos ou referências provenientes de outras ideias para criar uma nova obra.

Conceito
Pode ser descrito como a ideia inicial que orienta o desenvolvimento de um projeto de arquitetura. Com a conclusão do projeto, os melhores conceitos ficam evidentes nos detalhes, na planta baixa e na interpretação geral da edificação.

Contexto
Em termos de arquitetura, o contexto se refere ao meio ou à implantação da obra.

Escala
A escala permite compreender o tamanho relativo de edificações e elementos em sistemas reconhecidos. Para permitir que as edificações sejam compreendidas e construídas, os desenhos e outras informações precisam ser preparados de acordo com escaladas reconhecíveis. Tais escalas são expressas como proporções do tamanho real, em geral, no Brasil, no sistema métrico.

Espaços servidos e serventes
Louis Kahn usou esse termo para descrever os diferentes tipos de espaço dentro da arquitetura. Os espaços serventes são funcionais, abrigando elevadores, escadas, banheiros, cozinhas, aparelhos de ventilação, sistemas de climatização e corredores. Os espaços servidos são aqueles que vivenciamos e celebramos, ou seja, as áreas de permanência prolongada de uma moradia ou de exposição em uma galeria de arte. Há uma hierarquia evidente entre tais espaços.

Figura e fundo
São mapas de uma cidade que revelam as figuras ou formas das edificações como entidades separadas do solo ou dos espaços ao redor. Esse conceito se tornou famoso ao ser usado por Nolli em Roma, em 1748. Ele permitiu que os espaços urbanos fossem lidos separadamente das edificações do entorno.

Genius Loci
Esse termo se refere ao espírito ou à essência de um lugar. É desejável que haja uma relação clara entre a obra de arquitetura e o *genius loci*.

Hierarquia
Na arquitetura, a hierarquia consiste no ordenamento de um espaço, ideia ou forma. Os espaços costumam ter uma importância relativa maior ou menor no que se refere à planta baixa ou à edificação. A importância relativa é sugerida pelo ato de aumentar ou diminuir fisicamente espaços ou elementos.

Lugar
Para a arquitetura, o lugar é mais que um terreno ou local no interior de uma edificação. O lugar possui definições físicas; ele existe e pode ser descrito mediante o uso de coordenadas geográficas ou referências em um mapa. Contudo, criar um "lugar" trata principalmente de estabelecer a identidade de um local ou terreno, descrevendo suas características espirituais e emocionais. Os arquitetos que se propõem a criar "lugares" usam os terrenos físicos como plataformas.

Metáfora
Na arquitetura, as metáforas são usadas na etapa de elaboração do conceito do projeto. Le Corbusier costumava dizer que "uma edificação é uma máquina de morar". Algumas metáforas são associadas à forma, outras se mostram mais elaboradas.

As metáforas sofisticadas que funcionam como conceitos são sutis, e não literais. Uma edificação inspirada em um barco não é obrigada a lembrá-lo fisicamente. Porém, ela pode fazer referências a ele por meio de materiais, formas e modo de construção.

Módulo
Os módulos ou sistemas de medidas são essenciais na arquitetura. Eles podem ser determinados pelo tamanho de um tijolo, uma mão humana ou equivaler a um milímetro. É importante que sejam consistentes e identificáveis. O sistema Modulor, criado por Le Corbusier, usa a geometria e a antropometria para criar um sistema de medidas proporcionais entre si.

Ordem
Refere-se aos tipos de colunas clássicas; as cinco ordens são: dórica, jônica, coríntia, toscana e compósita.

Partido
Representa um desenho que reduz uma ideia de arquitetura a um diagrama, seja na forma de planta baixa, corte ou elevação. A essência desse desenho é a simplicidade do diagrama; ele identifica as questões principais como uma ideia de arquitetura.

Pilotis
Termo francês usado por Le Corbusier para descrever os pilares que afastam a edificação do solo.

Planta livre
Esse conceito foi gerado por Le Corbusier de modo a refletir o uso de estruturas independentes nas edificações: o sistema estrutural Dom-ino. Ele liberta os espaços internos e permite que elementos como as paredes sejam distribuídos livremente dentro da planta baixa.

Porta
Originalmente, o ato de cruzar uma porta se referia a entrar em um espaço ou território, visto que a porta marca uma transição de um espaço a outro. A principal transição costuma ser entre exterior e interior, mas também pode ser empregada para descrever limites entre os espaços internos. Em geral, as portas de entrada são bem marcadas; tradicionalmente, isso era feito por uma soleira – mas mudar ou ressaltar o material usado no piso também é uma maneira de identificar o ponto de transição.

Pré-fabricação
A fabricação descreve o processo de produção de objetos em um ambiente controlado, como uma fábrica. A pré-fabricação trata da industrialização de elementos em grande escala que possam ser levados ao canteiro de obras e montados posteriormente. Esses elementos variam em escala, indo de cozinhas ou banheiros até casas inteiras. Embora permita uma instalação rápida e o controle de qualidade, a pré-fabricação requer muito planejamento e a programação do processo de instalação.

Projeto assistido por computador (CAD)
O CAD consiste no uso de computadores e programas especiais para projetar e desenvolver obras de arquitetura, além de gerar apresentações de projetos.

Promenade
Termo francês que significa percurso. Foi imaginado por Le Corbusier, que buscou transformar o trajeto sequencial controlado dentro de uma edificação em um recurso de arquitetura. Ele confere ordem, eixo e direção à ideia de arquitetura.

Proporção
Descreve a relação agradável entre elementos de uma ideia de arquitetura ou projeto de edificação e o todo. Na Antiguidade Clássica e no Renascimento, foram usados sistemas de proporções relacionados ao corpo humano e à aplicação da geometria.

Storyboards
Trata-se de uma técnica usada por cineastas e artistas de desenhos animados para explicar narrativas ou histórias como uma série de imagens ou quadros. É um recurso de planejamento bastante útil para arquitetos que desejam sequenciar a ideia ou conceito de uma edificação, pois permite a eles preparar uma apresentação visual dos espaços projetados ou um passeio através deles.

Tectônica
O termo "tectônica" descreve a ciência da construção. A tecnologia se aplica a todos os conceitos de construção e produção.

Tipologia
Refere-se a classificações ou modelos de compreensão e descrição. Na arquitetura, as edificações costumam pertencer a determinados grupos, que podem estar associados com forma, função ou ambos. Edificações como moradias, escolas, prédios cívicos, galerias de arte e museus podem ser descritas como tipologias associadas à função.

Vedação
A maneira como uma parede age como "o invólucro" ou "o fechamento" de um espaço simples.

Visão serial
Em *The Concise Townscapes* (1961), Gordon Cullen se refere ao ato de representar movimentos em uma cidade como uma série de vistas ou visões seriais, o que permite que a ideia de um percurso seja descrita na forma de panoramas ou croquis perspectivos. É bastante útil descrever edificações ou espaços urbanos grandes a partir de um ponto de vista experimental.

Zeitgeist
Literalmente, essa palavra alemã é traduzida como "espírito da época". Em termos de arquitetura, refere-se a algo que transcende o momento e identifica uma ideia genérica e culturalmente abrangente.

Zoomórfico
As ideias inspiradas em formas animais são chamadas de zoomórficas. Elas podem se basear em formas físicas ou aspectos materiais.

Créditos das ilustrações

Imagem da capa: Ópera de Guangzhou, China, projetada pela Zaha Hadid Architects. Direitos autorais de Guo Zhong Hua e cortesia de Shutterstock.com.

Introdução
Página 7, imagem 1: direitos autorais de Pawel Pietraszewski e cortesia de Shutterstock.com.
Página 8, imagem 1: cortesia e direitos autorais de Jan Derwig / RIBA Library Photographs Collection; imagem 2: cortesia de David Cau.
Página 9, imagem 3: cortesia de David Cau.

Capítulo Um
Página 11, imagem 1: cortesia de Ewan Gibson
Página 13, imagem 1: cortesia e direitos autorais de Thomas Reichart; imagem 2: direitos autorais de Graham Tomlin e cortesia de Shutterstock.com.
Página 14, imagem 1: cortesia de Jim Collings.
Página 15, imagem 2: cortesia de Luke Sutton.
Página 16, imagem 2: cortesia de um projeto em grupo de alunos da Escola de Arquitetura da Universidade de Portsmouth; imagem 3: cortesia de Aaron Fox.
Página 17, imagem 4: cortesia de Paul Craven-Bartle
Página 18, imagem 1: cortesia de Richard Harrison; imagem 2: cortesia de Luke Sutton e The Urbanism Studio (Escola de Arquitetura da Universidade de Portsmouth), 2011.
Página 19, imagens 3 e 5: cortesia de Rosemary Sidwell; imagem 4: cortesia de Luke Sutton, Edward Wheeler e Escola de Arquitetura da Universidade de Portsmouth.
Página 21, imagem 1: cortesia e direitos autorais de Simon Astridge; imagem 2: cortesia e direitos autorais de Bernard Tschumi Architects.
Página 22, imagem 1: cortesia e direitos autorais de Chris Ryder; imagem 2: cortesia e direitos autorais de Bernard Tschumi Architects
Página 23, imagem 3: cortesia e direitos autorais de Adam Parsons.
Página 25, imagem 1: cortesia de Richard Rogers Partnership e direitos autorais de Katsuhisa Kida/PHOTOTECA.
Páginas 26–29: todas as imagens cortesia e direitos autorais de Design Engine Architects.

Capítulo Dois
Página 33, imagem 1: cortesia e direitos autorais de Niall C Bird.
Página 39, imagem 1: cortesia e direitos autorais de George Saumarez Smith, ADAM Architecture.
Página 41, imagem 1: cortesia de Emma Liddell.
Página 42, imagem 1: direitos autorais de Vladimir Badaev e cortesia de Shutterstock.com.
Página 43, imagem 2: cortesia de Simon Astridge.
Página 44, imagem 1: direitos autorais de Khirman Vladimir e cortesia de Shutterstock.com.
Página 45, imagem 2: cortesia e direitos autorais de Niall C Bird.
Página 46, imagem 1: cortesia de Martin Pearce.
Página 47, imagem 2: direitos autorais de Worakit Sirijinda e cortesia de Shutterstock.com.
Página 48, imagem 1: direitos autorais de Andy Linden e cortesia de Shutterstock.com.
Página 49, imagem 2: direitos autorais de 1000 Words e cortesia de Shutterstock.com.
Página 51, imagem 1: direitos autorais de Pecold e cortesia de Shutterstock.com.
Página 52, imagem 1: cortesia e direitos autorais de Niall C. Bird; imagem 2: cortesia e direitos autorais da Coleção de Fotografias da Biblioteca do RIBA.
Página 53, imagem 3: direitos autorais de Miguel(ito) e cortesia de Shutterstock.com.
Página 54, imagem 1: Le Corbusier, Le Modulor, 1945. Plan FLC 21007. (c) FLC/DACS, 2011. Cortesia de ProLitteris.
Página 55, imagem 2: cortesia e direitos autorais de Jan Derwig / Coleção de Fotografias da Biblioteca do RIBA.
Página 56, imagem 1: direitos autorais de Ute Zscharnt, em nome de David Chipperfield Architects.
Página 57, imagem 2: cortesia e direitos autorais de David Chipperfield Architects.
Página 58, imagem 1: direitos autorais de Stiftung Preussischer Kulturbesitz / David Chipperfield Architects; fotógrafo: Jörg von Bruchhausen
Página 59, imagem 2: direitos autorais de Stiftung Preussischer Kulturbesitz / David Chipperfield Architects; fotógrafo: Ute Zscharnt
Página 61, imagem 1: cortesia de Melissa Royle e Chris Ryder.

Capítulo Três
Página 63, imagem 1: direitos autorais de Semen Lixodeev e cortesia de Shutterstock.com.
Página 64, imagem 1: direitos autorais de Angelo Giampiccolo e cortesia de Shutterstock.com.
Página 65, imagem 2: cortesia de Caruso St John Architects LLP. Direitos autorais de Héléne Binet.
Página 66, imagem 1: direitos autorais de Jody e cortesia de Shutterstock.com.
Página 67, imagem 2: cortesia e direitos autorais da Coleção de Fotografias da Biblioteca do RIBA.
Página 68, imagem 1: cortesia de Luke Sutton; imagem 2: cortesia de Philippa Beames.
Página 69, imagem 3: cortesia de Roger Tyrell; imagem 4: direitos autorais de John Kasawa e cortesia de Shutterstock.com.
Página 70, imagem 1: direitos autorais de Michael Stokes e cortesia de Shutterstock.com.
Página 73, imagem 2: cortesia de Martin Pearce.
Página 74, imagem 1: cortesia de Simon Astridge; imagem 2: direitos autorais de Mike Liu e cortesia de Shutterstock.com.
Página 76, imagem 1: cortesia e direitos autorais de David Mathias & Peter Williams.
Página 77, imagem 2: direitos autorais de ssguy e cortesia de Shutterstock.com.

Página 79, imagem 3: cortesia de Nick Hopper.
Página 81, imagem 1: direitos autorais de Nito e cortesia de Shutterstock.com; imagem 2: cortesia e direitos autorais de Godrick e cortesia de Shutterstock.com.
Página 83, imagem 1: Beddington Zero Energy Development, direitos autorais e cortesia de www.zedfactory.com.
Página 85, imagem 1: direitos autorais de Carlos Neto e cortesia de Shutterstock.com; imagem 2: direitos autorais de Fuyu Liu e cortesia de Shutterstock.com.
Páginas 86–89: cortesia e direitos autorais do corte de Foster and Partners. Todas as demais fotografias, cortesia e direitos autorais de Nigel Young/ Foster and Partners

Capítulo Quatro
Página 93, imagem 1: cortesia de Natasha Butler e Joshua Kievenaar.
Página 95, imagem 1: cortesia de Lucy Smith; imagem 2: cortesia de Charlotte Pollock; imagem 3: cortesia de James Scrace.
Página 96, imagem 1: cortesia de Jonathon Newlyn.
Página 97, imagem 2: cortesia de Lucy Smith; imagem 3: cortesia de Ewan Gibson.
Página 98, imagens 1 e 2: cortesia da Serpentine Gallery © Peter Zumthor; fotografia de Walter Herfst.
Página 99, imagem 4: cortesia de Colin Graham.
Página 100, imagem 1: cortesia de Niall Bird; imagem 2: cortesia de Tim Millard.
Página 101, imagens 4 e 5: cortesia de Gavin Berriman.
Página 104, imagem 1: cortesia de Stephen James Dryburgh (FM+P); imagem 2: cortesia de Lucinda Lee Colegate.
Página 105, imagem 3: cortesia de Paul Cashin e Simon Drayson; imagem 4: cortesia de Luke Sutton; imagem 5: cortesia de Nick Corrie.
Páginas 107–109: todas as imagens, cortesia e direitos autorais de John Pardey Architects (www.johnpardeyarchitects.com).
Página 110, imagem 1: cortesia de Jo Wickham; imagem 2: cortesia de Derek Williams
Página 111, imagem 3: cortesia de Paul Craven-Bartle.
Página 113, imagens 1 e 2: Simon Astridge; imagem 3: cortesia de Jeremy Davies.
Página 115, imagem 1: cortesia de Shaun Huddleston (Studio 2); imagem 2: cortesia de Owen James French; imagem 3: cortesia de Enrico Cacciatore.
Página 116, imagem 1: cortesia de Ewan Gibson.
Página 117, imagem 2: cortesia de Lucy Devereux.
Página 118, imagem 1: cortesia de David Holden; imagem 2: cortesia de Luke Sutton.
Página 119, imagem 3: cortesia de Claire Potter.
Página 121, imagem 1: cortesia e direitos autorais de David Mathias & Peter Williams; imagem 2: cortesia de Niall Bird.
Página 124, imagem 1: Cortesia de Luke Sutton.
Página 127, imagem 3: Cortesia de Nicola Crowson.
Páginas 130–133: todas as imagens, cortesia de Steven Holl Architects e direitos autorais de Andy Ryan.
Página 135, imagem 1: cortesia de Melissa Royle e Chris Ryder.

Capítulo Cinco
Página 137, imagem 1: cortesia de Zaha Hadid Architects.
Página 138, imagem 1: cortesia de Martin Pearce.
Página 139, imagens 2 e 3: cortesia de Martin Pearce.
Página 140, imagens 1 e 2: cortesia de Martin Pearce.
Página 141, imagens 3 e 4: cortesia de Martin Pearce.
Páginas 144–145, imagem 1: fotografias arquivadas no Arquivo Carol M. Highsmith, Biblioteca do Congresso, Divisão de Impressões e Fotografias.
Página 146, imagem 1: direitos autorais de KarSol e cortesia de Shutterstock.com
Página 147, imagem 1: direitos autorais de fotokik_dot_com e cortesia de Shutterstock.com; imagens 2 e 3: cortesia e direitos autorais de Aivita Mateika (4AM).
Página 148, imagem 1: cortesia de Zaha Hadid Architects e direitos autorais de Christian Richters.
Página 149, imagem 2: cortesia de Robin Walker.
Página 151, imagem 1: direitos autorais de Simon Detjen Schmidt e cortesia de Shutterstock.com.
Página 153, imagem 1: direitos autorais de Daniel Schweinert e cortesia de Shutterstock.com; imagem 2: direitos autorais de Giancarlo Liguori e cortesia de Shutterstock.com.
Página 154, imagem 1: direitos autorais de Jonathan Noden-Wilkinson e cortesia de Shutterstock.com.
Página 155, imagem 2: direitos autorais de Cosmin Dragomir e cortesia de Shutterstock.com.
Páginas 156–159: todas as imagens, cortesia de Zaha Hadid Architects.
Página 161, imagem 1: cortesia de Melissa Royle e Chris Ryder.

Capítulo Seis
Todas as imagens: cortesia e direitos autorais da 6a Architects. Fotografias das páginas 178 e 181 (c): David Grandorge.

Conclusão
Página 183, imagem 1: cortesia e direitos autorais de David Mathias.

Fez-se todo o possível para que fossem identificados, confirmados e localizados os detentores dos direitos autorais das imagens reproduzidas neste livro. No entanto, se houver algum crédito que tenha sido omitido por equívoco, o editor se esforçará para fazer as correções em edições futuras. A menos que citado de maneira diferente, todas as imagens são cortesia da autora e da Escola de Arquitetura da Universidade de Portsmouth.

Índice

(Os números de página em itálico se referem a ilustrações. As entradas em itálico se referem a publicações e filmes.)

Agradecimentos

Este livro exigiu os conhecimentos e o apoio de vários indivíduos, organizações e recursos. Agradecemos aos colegas da Escola de Arquitetura da Universidade de Portsmouth, que contribuíram com imagens, referências e informações adicionais relevantes.

Também gostaríamos de agradecer a 6a Architects, por sua disponibilidade em fornecer as informações referentes ao projeto apresentado no Capítulo 6.

Um texto introdutório é fundamental para envolver pessoas de todos os níveis no universo da arquitetura. Agradecemos a Rachel Parkinson, Caroline Walmsley e Brian Morris, da AVA Publishing, por nos dar mais uma chance de tentar explicar o que é a arquitetura.

Algumas considerações éticas já são protegidas por leis ou regulamentações do governo ou códigos de ética profissionais. Por exemplo, plágios e quebras de confiabilidade podem ser delitos passíveis de punição. Em vários países, a exclusão de pessoas com necessidades especiais do acesso à informação ou a espaços é ilegal. O comércio de marfim como matéria-prima foi proibido em muitos países. Nesses casos, uma linha clara assinalou o que é inaceitável.

No entanto, a maior parte das questões éticas permanece aberta para debate, entre especialistas e leigos, e, no final, temos de fazer nossas próprias escolhas com base em nossos princípios ou valores norteadores. É mais ético trabalhar para uma ONG do que para uma empresa comercial? É antiético criar algo que os outros achem feio ou ofensivo?

Questões específicas como essas podem levar a outras questões mais abstratas. Por exemplo, só importam os efeitos sobre os seres humanos (e com o que eles se preocupam), ou os efeitos no mundo natural também podem exigir atenção?

A promoção de consequências éticas se justifica mesmo quando seu sacrifício é exigido ao longo do caminho? Deveria haver uma única teoria unificadora da ética (como a teoria utilitarista, na qual o rumo de ação correto é sempre aquele que leva à maior felicidade do maior número de pessoas) ou deveria haver sempre muitos valores éticos diferentes que levam uma pessoa a várias direções?

À medida que entramos no debate ético e enfrentamos esses dilemas em um nível pessoal e profissional, podemos mudar nossas visões ou mudar nossas visões em relação aos outros. O verdadeiro teste, contudo, é se ao refletirmos sobre esses problemas, revemos também nossa forma de agir e de pensar. Sócrates, o "pai" da filosofia, sugeriu que as pessoas naturalmente farão o "bem" se elas souberem o que é certo. Mas essa questão só nos leva a outra: *como saber o que é certo*?

Você

Quais são suas crenças éticas?

Sua postura em relação às pessoas e aos problemas à sua volta são fundamentais a tudo o que você faz. Para algumas pessoas, a ética é uma parte ativa das decisões que elas tomam todos os dias, seja como consumidores, eleitores ou profissionais. Outras talvez quase não pensem na ética, mas isso não as torna automaticamente antiéticas. Crenças pessoais, estilo de vida, orientação política, nacionalidade, religião, gênero, classe social, educação – tudo pode influenciar suas ideias sobre o que é ser ético.

Usando a escala abaixo, onde você se colocaria? O que você leva em conta, ao tomar essa decisão? Compare sua nota com a de seus amigos ou colegas.

Seu cliente

Quais são suas condições?

As relações de trabalho são essenciais para que a ética possa estar presente em um projeto, e sua conduta no dia a dia é uma demonstração da sua ética profissional. A decisão que tem o maior impacto é, antes de tudo, com quem você escolhe trabalhar. Fabricantes de cigarros e comerciantes de armamentos são exemplos frequentemente citados quando se discute se há uma linha que possa ser traçada, mas, na prática, as situações raramente são tão radicais. Em que momento você abandonaria um projeto por razões éticas, e até que ponto a realidade de ter de pagar as contas afeta sua liberdade de escolha?

Usando a escala abaixo, onde você colocaria um projeto específico? Como essa avaliação se compara com sua nota de ética pessoal?

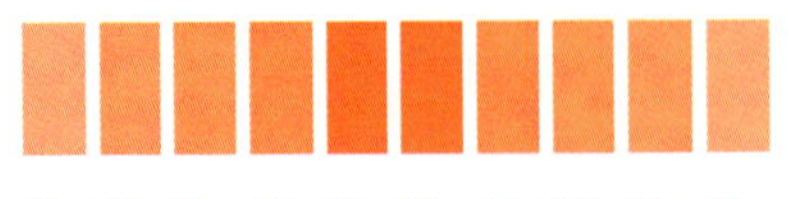

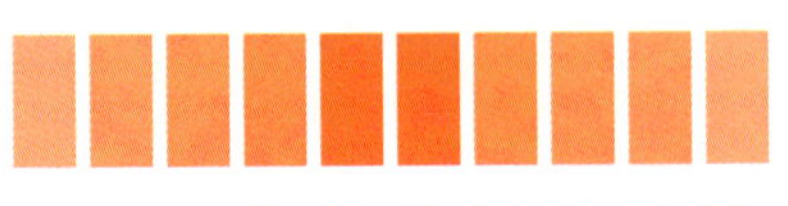

01 02 03 04 05 06 07 08 09 10

Suas especificações
Quais são os impactos dos materiais que você seleciona?

Faz relativamente pouco tempo que passamos a nos dar conta de que muitos materiais naturais estão se exaurindo. Ao mesmo tempo, cada vez mais estamos cientes de que alguns produtos sintéticos podem ter efeitos bioacumulativos e prejudiciais à saúde das pessoas ou do planeta. O que você sabe sobre os materiais que emprega? Você sabe de onde eles vêm, quanto tiveram de viajar e em que condições foram obtidos? Quando sua obra já não for necessária, será fácil e seguro reciclá-la? Ou ela desaparecerá sem deixar vestígios? Essas considerações são responsabilidade sua ou você nada tem a ver com isso?

Usando a escala abaixo, marque até que ponto suas escolhas de materiais são éticas.

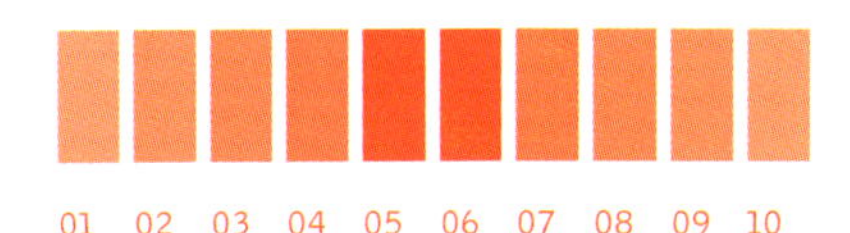

01 02 03 04 05 06 07 08 09 10

Sua criação
Qual é o objetivo do seu trabalho?

Com sua atuação, a participação de seus colegas e o programa de necessidades elaborado, qual será o resultado de sua criação? Qual será seu propósito na sociedade? Ela terá uma contribuição positiva? Seu trabalho trará outros resultados além de sucesso comercial ou premiações profissionais? Sua criação poderia ajudar a salvar vidas, educar, proteger ou inspirar? Forma e função são dois parâmetros usuais para se julgar uma criação, mas há pouco consenso sobre as obrigações dos profissionais das artes visuais perante a sociedade ou o papel que eles podem ter na resolução de problemas sociais e ambientais. Se você quer o reconhecimento por ter sido o criador, até que ponto você é responsável pelo que criou e onde termina sua responsabilidade?

Usando a escala, marque o quanto o objetivo do seu trabalho é ético.

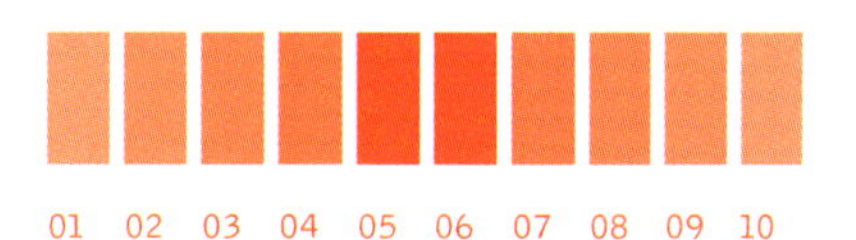

01 02 03 04 05 06 07 08 09 10

Um aspecto da arquitetura que gera um dilema ético provém da enorme escala e do consequente impacto ambiental gerado pelos materiais e pelo consumo de energia necessários para construir e utilizar as edificações. Nos Estados Unidos, a construção de edificações e seu uso são responsáveis por cerca de metade das emissões anuais dos gases que provocam o efeito estufa. Já no Reino Unido, o volume de lixo gerado pelo setor da construção civil equivale a três vezes o volume de todos os dejetos domésticos, e muitos dos materiais da construção são considerados poluentes e exigem tratamento especial para serem descartados.

Como os arquitetos estão envolvidos com a etapa anterior à construção – o projeto – eles são as pessoas mais adequadas para produzir edificações que reduzam o consumo de energia e consumam menos materiais. Isso se consegue por meio de muitas abordagens diferentes, entre as quais podemos citar a implantação adequada, uma boa seleção de materiais de construção e as estratégias de iluminação passiva. Mas qual seria a responsabilidade específica de um arquiteto nos impactos provocados pelas edificações, uma vez que eles trabalham em conjuntos com planejadores urbanos, empreendedores imobiliários, construtores e fiscais da construção? Cabe a essas pessoas exigir uma arquitetura mais sustentável e planejá-la ou será que os arquitetos deveriam influenciá-las e se dispor a mudar nosso modo de vida?

Em meados do século XIX, houve, nos Estados Unidos, um aumento do apoio estatal ao tratamento dos doentes mentais e, consequentemente, um incremento na construção de "asilos para lunáticos". O Dr. Thomas Story Kirkbride, era membro-fundador da Associação dos Superintendentes Médicos das Instituições para Insanos dos Estados Unidos e promoveu um método padronizado de construção de asilos e tratamento de doenças mentais conhecido como o "Plano Kirkbride". A primeira dessas instituições foi inaugurada em Nova Jersey em 1847.

O próprio prédio dessas instituições deveria ter um efeito terapêutico e era considerado como "um aparato especial para o tratamento da loucura". Todos os blocos seguiam a mesma planta baixa, descrita como um "V raso", na qual os prédios da administração central eram ladeados por dois conjuntos de alas escalonadas. As alas deveriam ser estreitas o suficiente para garantir sua boa ventilação cruzada e ter janelas amplas, para uma boa iluminação. As alas para os pacientes mais problemáticos eram dispostas em fila simples, com um corredor lateral, facilitando o controle e a segurança. Em uma época na qual eram poucas as habitações privativas que contavam com calefação central, instalações de gás e mesmo sanitários, os edifícios Kirkbride incluíam lâmpadas a gás em cada cômodo, reservatórios de água centrais sobre o centro administrativo e caldeiras no pavimento de subsolo, que aqueciam o ar que era bombeado até as alas.

A "planta baixa linear" do conjunto permitia uma segregação estruturada dos pacientes, de acordo com o sexo e os sintomas de doença. Em cada ala, os pacientes "mais excitados" eram acomodados nos pavimentos mais baixos, mas afastados do centro administrativo, enquanto os pacientes "mais racionais" ficavam nos pisos mais altos, mais pertos do centro administrativo. O objetivo dessa organização era tornar a experiência dos pacientes mais confortável e mais produtiva, isolando os indivíduos mais perturbados, embora um relato da época sugira que os pacientes "mais racionais" viviam aterrorizados com a possibilidade de serem transferidos para as alas mais barulhentas e mais sujas. O Asilo de Lunáticos do Estado de Nova Jersey também foi construído em uma colina, o que oferecia melhores vistas de seu amplo terreno e incentivava as saudáveis caminhadas.

Os asilos deveriam ser lugares que oferecessem atividades positivas, onde os pacientes poderiam ficar afastados dos fatores que haviam desencadeado as doenças e receber as terapias médicas. Contudo, não se conseguiu comprovar que os pacientes fossem curados de modo permanente, e o fracasso do sistema fez com que os estabelecimentos de tratamento para doentes mentais buscassem outras alternativas. Os edifícios Kirkbride se tornaram relíquias de uma estratégia de terapia obsoleta.

É mais ético projetar um prédio para o setor público, como uma escola ou um hospital, do que projetar um prédio para o setor privado, como um hotel ou edifício de escritórios?

É antiético projetar prédios que segregam as pessoas?

Você projetaria uma instituição para doentes mentais?

"Na arquitetura, o orgulho do homem, seu triunfo sobre a gravidade, seu desejo de poder, assume uma forma visível. A arquitetura é uma espécie de oratória do poder por meio das formas."

Friedrich Nietzsche

Leitura adicional

AIGA
Design Business and Ethics
2007, AIGA

Eaton, Marcia Muelder
Aesthetics and the Good Life
1989, Associated University Press

Ellison, David
Ethics and Aesthetics in European Modernist Literature: From the Sublime to the Uncanny
2001, Cambridge University Press

Fenner, David E W (Ed)
Ethics and the Arts: An Anthology
1995, Garland Reference Library of Social Science

Gini, Al and Marcoux, Alexei M
Case Studies in Business Ethics
2005, Prentice Hall

McDonough, William and Braungart, Michael
Cradle to Cradle: Remaking the Way We Make Things
2002, North Point Press

Papanek, Victor
Design for the Real World: Making to Measure
1972, Thames & Hudson

United Nations Global Compact
The Ten Principles
www.unglobalcompact.org/AboutTheGC/TheTenPrinciples/index.html